父母不应该错过的

犹太人育儿法

[韩] 林志垠 著

中国青年出版社
CHINA YOUTH PRESS

图书在版编目（CIP）数据

父母不应该错过的犹太人育儿法 /（韩）林志垠著；金海英，金成林译.
—北京：中国青年出版社，2022.6
ISBN 978-7-5153-6568-8
Ⅰ.①父… Ⅱ.①林… ②金… ③金… Ⅲ.①犹太人—家庭教育 Ⅳ.①G78
中国版本图书馆CIP数据核字（2022）第026089号

父母不应该错过的犹太人育儿法

作　　者：〔韩〕林志垠
译　　者：金海英　金成林
策划编辑：翟平华
责任编辑：刘宇霜
美术编辑：杜雨萃
出　　版：中国青年出版社
发　　行：北京中青文文化传媒有限公司
电　　话：010-65511272 / 65516873
公司网址：www.cyb.com.cn
购书网址：zqwts.tmall.com
印　　刷：大厂回族自治县益利印刷有限公司
版　　次：2022年6月第1版
印　　次：2022年6月第1次印刷
开　　本：787 × 1092　1/16
字　　数：150千字
印　　张：13
京权图字：01-2021-0935
书　　号：ISBN 978-7-5153-6568-8
定　　价：59.00元

“所有的人都只朝着一个方向的话，世界就会偏向一边。”
这句话是指要成为不同于他人的人，而不是比别人优秀的人。

假设以前是大鱼吃小鱼的时代，那么未来则是快鱼吞慢鱼的时代。
——克劳斯·施瓦布

遇到一个好人，就会有更多的好人排着队找来。
因为人与人之间会互相交换积极的影响。

当人们正面看待世界时，我们则需要立体地看待世界。
——《塔木德》

目录

推荐词　犹太人能持续成功，归根结底源自他们的思考方式 _009

序　言　放下“学习”这个单一的判断标准 _011

01 让孩子爱上学习
——犹太人对待学习的态度

海沃塔式学习法，提高元认知 _019

海沃塔式讨论，培养孩子思考能力 _025

读出声来的阅读，有效激活大脑 _031

让小时候的阅读习惯陪伴一生 _034

犹太人的成功秘诀，写作 _040

学习乐趣，从这里开始 _046

02 比起“做得比别人好”，更爱“与众不同”
——犹太人的创意·个性教育

不追求“第一”，追求“独一无二”_055
重视旅行的原因 _060
幸福和机会均来自人脉 _065
培养超强想象力的4种方法 _071
通过游戏锻炼创造力 _077
害怕提问的孩子 _083
发现孩子天赋，助力孩子成才 _089

03 人工智能时代的必备能力
——犹太人的品格教育

培养好品格，应对未来的不确定 _097
兄弟姐妹之间不作比较 _104
家庭聚餐，滋养心灵 _111
打造专属于小家庭的“安息日”_116

04 和任何人都能好好相处的方法
——犹太人的人际关系教育

交友要慎重，且深交 _125

犹太父母的管教方法 _131

培养孩子的身份认同和社会性 _137

历史教育，培养民族自豪感 _141

为什么仍需要学习多门外语 _145

05 逆境能让孩子变得坚强

——犹太人的逆境教育

幽默感是人生的武器 _153

感恩的力量 _160

通过失败，学习重新站起来 _167

逆商越高，越容易获得成功 _173

06 培养孩子的经济头脑

——犹太人的金钱教育

认识金钱越早越好 _183

在生活中体验赚钱 _188

富豪不是天生的，而是靠培养 _191

付出多少，得到多少 _194

信任，是所有关系的基础 _200

教孩子做时间的富翁 _203

犹太人能持续成功，归根结底源自他们的思考方式

韩国的经济增长模式，过去以“汉江奇迹”著称，而现在，人们都产生了危机感，感到这种模式已经失去了效力。

很多经济学家和专家们都说，韩国之所以有“汉江奇迹”，是因为拥有受到良好教育的优秀人力资源。未来，国家整个社会的经济、文化地位同样也同样取决于社会各界成员的智力之强弱和水准。

教育肩负着创造未来的伟大重任，那么，其现状又如何呢？是否为即将到来的产业革命做好了准备呢？很遗憾，答案并不很肯定。在教育一线还重复着僵化不变的死记硬背、客观题解答等教育方式，而这些或许适合过去的产业化时代，但并不适合现在。一成不变地沿用旧时代的教育方式，是无法适应未来的。

很多国家已经采取了相应对策，准备迎接新时代。走到围城外，去关注外面世界时，我们又能够看到什么呢？地球上有很多国家和民族，他们

都有各自的成就和伟大之处。在此我关注到了犹太人，他们在政治、经济、文化等各个领域取得了巨大的成就。他们中的很多人在历史长河中留下了伟大足迹，有些伟大之举还在持续当中。

我从2010年起和犹太人一起共事。一开始，我是作为以色列手机教育平台企业韩国代表的身份工作，后来，在以色列创投公司韩国分公司，遇到了很多教育方面的相关人士，也有机会随时访问以色列，我有幸近距离观察到了他们的思考方式。为什么他们非常善于培养一个人的创意性和解决问题的能力？当你了解到真相，就会发现这些对他们来说是很自然的事情，犹太人是在家庭和学校实践了这些内容，并将其常态化。

以色列以"创业国家"著称。其人口与创业企业数量、专利申请数、获得博士学位人数之比，成绩斐然。他们还在不断地孵化各种创新企业，让人很有眼前一亮的感觉。

犹太人的持续成功，源自他们长久以来优良的思考方式。这在犹太人社会已经持续了很长时间。

很高兴看到林志垠出版了这本书，书中谈到了犹太人的思考和教育方式，相信很多父母和教育界的相关人士通过这本书，能够对未来教育和培养人才有很大的收获。作者在自己长年的记者生涯中练就了过硬的文笔，自身又具有多方面的求知欲，在海外生活过多年，这些因素融为一体，成为了这本书的基础和背景。我相信这本书会给家长以及教育工作者们带去极具深度的教育讯息。这绝对是一本值得一读的好书。

蔡昌焕（以色列投资专家、国际律师）

序 言

放下“学习”
这个单一的判断标准

以前，这里的原住民生活在一条河边。有一天，白人们来到此地，开始在河的上游修建巨大的水坝。水坝完工后，河水就会干涸，原住民生活的地方就会发生巨变。然而，他们对此毫不知情，继续把过去的抓鱼、制作皮舟、捕猎和农耕的方法教给子孙们。结果水坝竣工后，果不其然，原住民和他们的文明从地球上消失得无影无踪。

这是著名的未来学家阿尔文·托夫勒塑造的一个虚构剧本。原住民并不知道河的上游筑起一座巨大的河坝，还是日复一日地重复以前的生活。家园即将面临着消失的危机，给子孙传授的还是以前的生活方式。我不禁想起了进化论的奠基者查尔斯·达尔文的一句话：

“能生存下来的物种，并不是最强壮的，也不是最聪明的，而是最能灵活地适应变化的。”

我们正在跨越技术进化的历史拐点，在围棋大赛中，人工智能——“阿尔法狗”战胜李世石，这只是时代进步的一个序幕而已。人工智能已经在自动驾驶汽车、机器人、智能手机、金融投资、新药开发和疾病诊断等多个领域有了渗透，专家们认为，2045年将是人工智能超越人类智能的时间，是技术奇点。不久的将来，很多工种将由机器人代替，又会有很多新的工种诞生。无人机、3D打印机、物联网、虚拟现实、增强现实等先进科学技术也在以惊人的速度不断地向前发展。

“我们该如何教育新人类”，好让他们能够在超越我们想象的新世界生存下去？面对令人不安的未来，很多父母抱着苦恼和焦虑的心态。我在一边育儿一边工作的过程中，最头疼的就是孩子的教育问题。即使我很有自信，但身为一个母亲，还是会控制不住地担心孩子的未来。我所经历的教育时代，是用标准答案、用分数高低来排队考进大学的时代。要想在那样的教育环境中成为胜者，抢先一步开始记诵更多内容，确实会更有利。

然而，现如今我却希望用不同的方式培养我的孩子。因为，我通过亲身体验充分感受到了我所接受的教育的局限性，比别人早一步开始学习、记诵、考试、再忘记，不断地重复这几个阶段。进入社会后我才发现，学历和各种技能只是进入公司所需要的工具而已。在漫漫人生旅途中，假设人需要具备100种力量，那么，我们是不是就拿其中一个——“学习”这一标准来看待孩子呢？而领导能力、个性、讨论能力等却被我们忽略不计，被认为是次等重要的能力。其实很多跨国公司在评估一个人才时，很早就开始采用多个标准来衡量，比如：出众的创新力、和他人交流合作的能力、批判式思考能、智慧与谦虚等。他们需要的不是聪明的“单干型人才”，而是“能够共事的多元型人”。往往他们最后选择的是“具有思考能力”的人才。

我先生一直对韩国的填鸭式教育抱有怀疑态度，我们夫妻在探索适合未来的人才教育方法的过程中，决定全家移居到巴西，也因此有幸遇到了犹太人教育法。在广阔的巴西国度，犹太人的占比也只是属于少数，但是他们却通过独有的教育方式，让孩子能在巴西稳稳地站稳脚跟。我在汇总犹太人教育资料、亲自去和犹太人面谈的过程中，忍不住大吃一惊。我发现在人工智能时代，向往未来教育的先进国家教育系统，和犹太人教育方式中的核心内容是如此地相似。

犹太人并不是天生就天赋异禀的，而是他们在成长过程中被父母培养成了聪明人。他们从小就认为学习是甜的，会花毕生的时间去学习，阅读和讨论已经成为他们生活中不可或缺的一部分。在进行大量阅读、讨论、论证的过程中，他们锻炼出超强的思考能力和沟通能力。他们不会被现有的学术或权威、年龄等因素所束缚，而是勇于提问，不断地提出质疑。不会想当然地全盘接受，而是提出疑问，而这正是创新力的基础。

不仅如此，犹太人尊重每个孩子的个性并去培养它，通过他们的教育方式，可以把每个人都培养成人才，不会有一个落伍者。犹太人注重的是“独特”而不是“最佳”，他们不会拿自己的孩子和别人比较。他们认为父母的角色和义务，是要找出孩子的长处，并且去培养它。他们不会强求孩子“做得比别人好”，而是让孩子明白“做到不同于他人”才是重要的。

他们会告诉孩子做一件事的过程比结果更重要，失败同样也是宝贵的经验和经历。在激励和鼓励失败的氛围中，孩子们会逐渐具备继续挑战、坚持到最后的能力。通过这种过程，慢慢拥有了对自己的强大信任和自信感。

犹太人会教孩子不管是什么样的状况，都要坚强地活下去。很长一段时间，他们没有自己的国家，在世界各个地方流浪。然而，他们每在一个地方定居下来，都能创造出自己的成绩，这要归功于他们的全面的财商教育。在孩子还小时，犹太父母就会让他通过做家务挣到零用钱。等孩子在成人仪式中拿到一大笔钱后，父母会教孩子将钱分散在股票、债券、存款等多个篮子里，教孩子学会用钱，并且理解钱需要“像滚雪球一样越滚越多”。

犹太人认为，慈善是一个人的义务。会让孩子从小在募捐箱里捐钱。他们是通过慈善，实践让世界更美好的思想，重建更美好的世界。这也是犹太人中会出现很多巨额捐赠者的缘故。他们会教孩子，施恩于别人，最终能使自己幸福。犹太人会严格遵守安息日，留给自己思考和充电的时间，通过和家人进行温馨的交流与对话，感受到来自家人的支持和抚慰。

爱因斯坦、托马斯·爱迪生、弗洛伊德、马克思、洛克菲勒、史蒂文·斯皮尔伯格……这些人都是姓名前无须加上任何修饰词、被众人周知的名人，他们全都是犹太人。他们在人类历史上留下了巨大足迹，如今风采依旧。以色列是一个创业国家，80%~90%的大学毕业生都会独立创业。富有创意、善于沟通的犹太人，他们的力量几乎与日俱增。

这本书围绕犹太人育儿法，它提到了犹太人是如何在历史长河中走向未来的。

衷心希望这本书能成为指南针，能为父母指明方向。

我并不是犹太人研究专家，更不是犹太人拥趸。我只是在研究他们的教育方式的过程中，发现了值得我们学习借鉴的地方。事实上，犹太人的家庭教育方式，要想照搬过来实践绝非易事。枕边阅读、餐桌前的对话、“海沃塔”式讨论……我也担心这些反而给繁忙的父母增加负担。我自己经常会感到没有足够的时间和孩子一同阅读、进行对话。但我相信，父母把孩子视为一个具有独立人格的个体来尊重，培养他的个性，这种态度一定会指向正确的方向引导孩子。今天，像犹太人父母一样，我依然继续问自己：

“你是怎么想的？”

写这本书，帮助我重新认识了自己，也获得了一定成长。我也再度下决心不断地学习，鼓起勇气接受失败，面对困境也要以微笑和乐观的心态面对。

不与人比较，把注意力放在自己身上，任何时候都不迷失自己。希望我能为世界尽一份微薄之力，能让这个世界变得更好一些。

林志垠

犹太人不是天生聪明，而是经过教育变得聪明。

这个方法就是“海沃塔”。

01

让孩子爱上学习

– 犹太人对待学习的态度 –

未来，人工智能将深深扎根于我们的生活当中，世界会更加快速、更加激烈地发生变化，知识的流通期限也随之缩短，在信息的海洋中，我们需要具备相应的能力进行批判式思考，找到正确答案。靠死记硬背将更多的知识输入脑子里的学习方法，不再是具有绝对优势的竞争力。未来的教育要以培养孩子自主学习的能力为优先，而不是只以知识为中心。要想做到这一点，就得培养孩子批判式思考能力和解决问题的能力。

比起在学校学到的知识，孩子们有更多的东西是需要靠自身去学习。我们要学习犹太人不断地阅读、讨论，接受新知识的智慧，让我们一起在犹太人的学习方式中找到启发吧。

海沃塔式学习法，提高元认知

无法用语言来说明，就不是真正知道。
“海沃塔”可以让你分清真正懂和不懂。

耶希瓦大学位于美国纽约，是一家著名的私立研究型综合大学，本科学院大多数学生都是犹太人。这里的图书馆，比乡下的菜市场还要热闹。通常我们说的图书馆，都是非常安静的，甚至每个人都不好意思发出咳嗽声，然而这里却不同。在这里学生们两个组成一队，面对面坐下来进行讨论。声音时而大时而小，有时候还会让人误以为是在吵架。这就是犹太人特有的传统学习方式——“海沃塔”。

“海沃塔”在希伯来语中是“共同学习”的意思。是两个人组队，互相提出问题，进行论证的讨论方式。不分年纪和性别、阶层，以平等的朋友关系，互相教对方，互相学习。待一轮讨论结束后，他们会互换角色，进行下一轮讨论。如此这般，在换角色进行讨论的过程中，去说服对方，也听取他人的意见，作出让步。通过这种过程，双方都可以透彻地理解和掌握一个知识。

无论何时何地，犹太人都能全身心地投入到学习中去。当他们找不到适合学习的环境时，就摸索到了没有师父带也能靠自己互相学习的方法。这就是“海沃塔”。犹太人从年幼时期学习《塔木德》[①]时，就会以这种方式进行学习。

父母和教师要为孩子提供可以尽情提问的环境，引导他独立找到答案。并且没有人单向教授什么，孩子们在一种平等关系中，进行自由的思考与表达，在这一过程中，锻炼自身批判式思考和创新能力。

元认知能力强的孩子学得好

“海沃塔”究竟有没有效果呢?《为什么要上大学》这个节目组，验证了“海沃塔”的学习效果。他们将20多名大学生分成了两个小组。一组独自学习历史书，另一组2人一对进行学习。3个小时后，这两个小组坐在一起，参加了考试。结果非常惊人。组队、边讲解边学习的学生的分数是独自看书学习学生的两倍。组队学习的学生表示，“讲解的时候，我知道的就一带而过，我不知道的，可以通过讲解过程加深理解，更鲜明地让知识留在了脑海中”。相反，独自学习的学生表示，“明明背过的，可是考试的时候却想不起来”。

根据元认知理论，“海沃塔”学习方法的效果并不令人惊讶。我们把一

①《塔木德》是流传三千三百多年的羊皮卷，为公元前2世纪—公元5世纪间犹太教有关律法条例、传统习俗、祭祀礼仪的论著和注疏的汇集。

般的想法称为“认知”时，元认知意味着认知自己对某些事实有认知或知道自己知道某些事。“元认知”能力是从客观角度注视自己，明确把握自己的长短板、已知和未知的能力。即元认知能力的核心是“了解自我”。

“海沃塔”是指讨论的学习方式。孩子们要把自己阅读并理解的内容，用自己的语言进行说明。通过解说的过程，会了解到自己没有掌握清楚的部分。犹太人有一句俗语，“不能清楚讲出来的，不算懂”。

还有一项实验证明，元认知能力强的孩子学习成绩也好。纪录片《学校是什么》曾经在“0.1%的秘密”篇中研究过学习成绩优秀的孩子们的秘诀。

这个节目将高考成绩进入前0.1%的800多名优秀学生和700名成绩普通的学生进行了比较，研究两组学生之间究竟有什么区别，究竟是什么影响了他们的学习成绩。

节目组为了了解他们之间的学习能力差别，每3秒出示25个毫无关联的单词，如此出示75秒之后，问他们还记得多少。先问学生们他们觉得自己记得多少个单词后，再让他们回答实际记住的单词。

原本以为，高考成绩前0.1%的学生记住了更多的单词，但是结果表明，在单词数量方面，并没有什么差距。节目组经过多方调查，发现前0.1%的学生们和普通学生相比，智商差异并不非常明显，生活习惯也没有什么特别之处，他们父母的经济能力或学历上也无甚差别。后来，他们发现了如下关联性：

前0.1%组的学生们，他们预想的分数和实际记住的单词数几乎一致。相反，一般学生，预想分数和实际分数之间的差距很大。他们以为自己记住了10个，实际上只记住了4个，抑或以为自己只会猜到5个，实际上猜到了8个。实际的结果和他们自己原先预想的差距很大。换句话来说，前0.1%的学生们明确知道自己的实力，成绩一般的学生则不然。

提高元认知能力的最佳学习方法

“海沃塔”是提高元认知能力的最佳学习方法。读完了一段文字之后，要用自己的语言进行说明，才能证明自己是真正理解了。我们可能都有过这种经历：明明读了一本书，但是没办法用自己的话来说明。这意味着你并没有充分消化这本书。也就是说，这并不是你自己的知识。通过自己提出问题并进行说明，这样才能明确区分哪些是自己真正弄懂的、哪些是误认为自己懂的。唯有这样，才能了解到自己的真实情况。

学习成绩好的学生，元认知能力强。他们明确把握着已知的和未知的，他们的自我主导学习能力也很出色。元认知能力弱的孩子，由于不清楚自己欠缺的是什么，学起来也就迷迷糊糊无法高效利用学习时间，只会加重学习疲劳感。

美国学习者爱德加·戴尔1946年提出了“学习金字塔”的理论。以语言学习为例，在初次学习两个星期后：

阅读能记住学习内容的10%；聆听能记住学习内容的20%；演示能记住30%；讨论能记住50%；实践能记住75%；做报告、给别人讲、亲身体验、动手做能够记住90%。

每天花10分钟与孩子对话

教师单向灌输知识，学生们一味地接受，考完试就把所学的忘得一干二净，如此这般地重复着这个过程，对于学习来说效果较差。因为学生们没有用自己的话说明自己所知道的，很难确认自己知道什么、不知道什么。学者们认为，元认知能力是否发达取决于他有多少机会去促进元认知能力的发展。

犹太人在各个领域取得了惊人的优秀成绩，秘诀就在于他们特殊的学习方法——“海沃塔”。

学者巴克敏斯特·福乐曾经用“知识倍增曲线”，来推演过人类知识总量的增加速度。截至19世纪，知识总量每100年增加了两倍，然而从20世纪开始，这样的增进已经缩短到25年。更加惊人的是，到了2030年，就会缩短到3天，再之后，则可能每隔12小时知识就会增加两倍。

在不久的将来，我们必须要不停地学习。昨日的知识，到了今天，或许就已失效。比起在学校学的东西，靠自身去学习的东西要多得多。因此，掌握学习方法是很重要的。

学习的第一步，就在于准确理解所学内容。“海沃塔”是指要把读到的书完全掌握并消化成自己的知识的学习方法。让孩子试试“海沃塔”学习方法吧。你可以和孩子组成一对，进行对话。找一本孩子喜欢看的书，一同大声读完，然后再让孩子讲讲书的内容。通俗易懂的童话书、伟人传记、非虚构类书籍等，只要孩子感兴趣，什么书都可以。短篇文学、中篇文学、长篇文学等，可以由易到难逐渐增加难度。父母可以先从每天与孩子进行

10分钟对话开始，实践“海沃塔”学习方法。

和孩子一起实践吧！

1. 和孩子一起组队，大声念出童话书。
2. 给孩子充分的时间，让他用自己的话来讲述刚刚读完的内容。
3. 留出足够时间，和孩子一同确认书的核心内容。

海沃塔式讨论，培养孩子思考能力

犹太人并不是天生聪明，而是经过教育变得聪明。
方法就是“海沃塔”。

谷歌的创始人拉里·佩奇和谢尔盖·布林，他们是如何相识的呢？两个人都是犹太人，他们是1995年在斯坦福大学学生指导会上相遇的。谢尔盖·布林负责为比自己低两届的师弟拉里·佩奇当校园导游，两个人的缘分便就此开始了。他们两人都对计算机有极大的兴趣，不过两个人的第一次相遇并不是那么愉快。认识第一天，他们就开始了争论，都认为对方傲慢、讨人嫌。两个人的性格迥异：谢尔盖性格外向，喜欢站到人群中当领导，而拉里则性格内向、文静。但是两个人同时也发现对方是自己人生中的贵人，会有助于自己在知性方面的成长。

两个人从小学到的都是要主动提出自己的主张和论据，并学习如何防御。后来，拉里和谢尔盖住在比尔·盖茨捐赠创立的“盖茨大厦”，每当两个人开始争论时，周围的朋友们恨不得马上逃走。不光是在专业课上，有关政治、社会、文化等多个方面他们都会展开热烈的讨论，甚至会为了讨论而通宵达旦。不管做什么，两个人的对话从来不曾间断。他们的朋友们称他们两个人为“拉里谢尔盖”。谢尔盖注重实用、善于解决问题，而拉里做事谨慎、擅长分析，两个人相辅相成，是彼此的灵魂伙伴，也是探索知识道路上的忠实伙伴。

这种讨论文化，也源自他们的传统学习方法“海沃塔”。两个人组成一队，朗读《塔木德》，进行讨论，进一步争论。要知道《塔木德》是将当时最高权威拉比（精神领袖）们讨论的内容进行了汇总整理而成的，即便如此，犹太人也不会对其照单全收。他们会不停地提出不同的意见，并进行讨论和论证。从而学习掌握知识的方法，锻炼思考能力。

他们并不是天生就很聪明，而是受到的教育让他们变得聪明。他们从小就坚持练习思考。从3岁开始阅读《塔木德》的犹太人，对他们而言，“海沃塔”并不能算是特殊的学习方法。他们习惯于经常提问、享受讨论和争论过程，对他们而言，“海沃塔”是渗透到生活的方方面面的一种生活方式。

不用平面而是以立体观点看待世界的方法

“对于他人的教诲，不经思考全盘接受的人，只会助长权力，并使自身变得越来越腐朽。”

这句话是《塔木德》中的一句。犹太人接受任何东西，都会先提出为什么。他们认为没有一个问题的答案是唯一的。对于一个方案，也会从各种角度去看待。3个犹太人聚在一起，往往能想出4种意见，犹太人就是如此看重自己的想法。他们认为一个孩子必须得批判性地接受事物，否则就无法培养出正确的学习能力。离开了思考的能力，就没有学习的能力。

犹太人父母总是这样问孩子："你的想法是什么？""你是怎么想的？"两个问题都是问孩子的想法。犹太人的孩子们通过"海沃塔"锻炼出思考的能力。通过两个人一组进行提问、展开讨论和争论的过程，逐步扩大思考范围。

《学习的人类》的作者希尔·马戈林说："通过争辩过程寻找真理，这一过程中，重要的不是分出胜负，而是学习如何思考得更深更广。""海沃塔"就是培养人通过讨论和争论的过程，进行批判式的逻辑分析与思考的能力。要想反驳对方的意见，必须先构筑你自己的防御逻辑体系，并且锻炼出独立的思考能力。

"海沃塔"的重点不在于针对问题找出正解，而是要找到不同于别人的、只属于你自己的答案。让想法与众不同，创意性就是来自于这个过程。犹太人也会从各种不同角度去进行思考，在不断重复提问和解答的过程中，练出独立的思考能力。

哈佛大学教授麦克·桑德尔，以善于引出学生们想法的授课方法而著称，他写的书《正义》曾经引起过"正义热风"。他用接二连三的疑问句，十分自然地引出学生们的对话和讨论。桑德尔曾经在一次媒体的采访中这样说过：

"让学生思考的最佳方法，是让他们参与对话，进行讨论。不仅仅是教，更倾向于引出他们所知道的。学生在回答问题的过程中，会靠自己的力量去寻找答案。对我而言，对话即为学习，即为教育。自1980年在哈佛大学执教开始，我一直都在开展讨论式授课。想想我自己在过去上学时也是如此，比起只是上课记笔记的消极态度，当学生有更积极的学习态度时，会学得更多。”

桑德尔是犹太裔美国人，他受犹太父母的影响，7岁开始读报纸，喜欢和父母讨论问题。一开始，他为了看自己喜欢的棒球新闻而看了体育类版面，后来逐渐开始阅读社会政治类新闻。“海沃塔”的影响，在他到了学校之后也体现出来。高中时他是学生会会长，加入课外讨论小组，和其他学校的学生展开各种辩论活动。

他27岁当上了哈佛大学的老师，也是哈佛大学最年轻的教授之一。29岁，他发表《自由主义和正义的局限性》，正面批判自由主义理论界的大家约翰·罗尔斯。

对于权威或学术抱有怀疑态度，站在自己的角度去看待问题——这正是“海沃塔”的精髓。桑德尔很快获得了世界性声誉，听他讲课的人数超过了1万名，成为哈佛大学历史上听课人数最多的讲座之一。

思考的能力愈来愈重要。我们的孩子，要和机器人共同生活下去，只是把知识放进脑海里，已经不足够了。在人工智能时代，人们关注的将是不会被机器人替代的能力。要想实现这一点，就得在众多信息当中分辨出哪些内容是重要的，哪些是必要的、有用的、有价值的，要能自行作出判断。并且利用这些信息，解决问题，创造出新的内容，这些内容都是一个人的必备技能。要想具备这些技能，先决条件就是始终抱有怀疑的态度提出问题，以批判式思考探究问题的本质，方能找到解决对策。

“海沃塔”能帮孩子练就系统而综合的思考能力。要想反驳对方的观点，必须能够逻辑性思考和分析。在防御对方逻辑挑战的同时，在提出更好的对策和解决方法的过程中，锻炼出更强大的思考能力。

思考的能力，靠单向型填鸭式教育是无法练就的。父母要引导孩子们去进行对话和讨论。近几年，随着批判式创新思考能力越来越受人们的关注，在教育一线，导入了翻转式学习、基于项目式学习、STEAM等多种教育尝试。

要想开展“海沃塔”，先要满足一个条件，即必须要有一个氛围，可以让任何人很放松地讲任何话题、说出自己的意见的氛围。犹太人不管何时何地都能开展“海沃塔”。他们在看报纸、读书、吃饭、听课、走路时，都在不停地提问和回答。记住，重要的是先开口。

这样的练习，为何不先在家里和孩子们一起开始呢？在讨论和辩论之前，先从提问与对话的练习开始做起。日常生活中，由父母来提出问题，让孩子进行思考，父母倾听孩子的答案，这就是我们实现“海沃塔”式教育的第一步。和孩子一同读书、分享想法也是一个好的办法。

“海沃塔”式阅读，是有生命力的阅读行为。读完一本书之后进行“海沃塔”，就能让思考变得有深度、有广度。当然这一切最重要的是坚持。三天打鱼两天晒网，是对结果没有任何帮助的。犹太人在生活中每时每刻都在实践“海沃塔”：提出问题，进行对话与讨论。他们靠这个过程，练就了坚实的思考肌肉。

和孩子一起实践吧！

1. 告诉孩子“世上没有一件事是想当然的”。

2. 要创造出一种氛围，让孩子可以放松地提出任何问题。

3. 倾听孩子的回答，再接二连三地提出问题。

读出声来的阅读，有效激活大脑

背诵时读出声来效果会更好，
是因为通过身体来记忆的效果会更佳。

我们来看一看金弘道画家的《私塾图》，仿佛能听见聚在私塾里读书的孩子们朗朗的读书声。李滉曾经对弟子们说过：“读书时，要坐姿端正，静下心来，读出声来。每读完一次就记下来，每天以朗读100次为目标。读书的时候还要前后摇晃身体。”

然而，我们现代人，已经很长时间在读书过程中不再出声。我们认为，“书是安静地独自阅读”的，而不是“读出声来”的。直到最近几年，人们开始对朗读有了新的认识，也开始能听到新的观点了。

学习是安静坐下来独自进行的吗

朗读的效果，在科学上也是多次被验证过。韩国一家广播电视台曾经做过一次实验。他们把60名二十几岁的大学生分成了两个组。一组只用眼睛阅读诗集，另一组读出声来阅读诗集。过了20分钟之后，对他们进行记忆力测试。结果一目了然。朗读组的平均分数比单是看的学生高出了近10分。不仅如此，多个高得分者也来自朗读组。

对此，韩国脑科学权威人士、大学脑科学研究院院长徐裕宪这样说：语言中枢位于左半球颞叶上部，读出声来阅读时，该部位活动会更加灵活。另外，负责发挥高级神经功能、思考创意功能、认知功能的前额叶下部的活动也会更加活跃。最上端的运动中枢也会更加活跃。

发声阅读时，大脑中活动的区域会更多，会更加有利于大脑的锻炼。出声朗读，大脑的各部分都会受到刺激，因此被激活。

徐裕宪院长还说，尤其需要关注的是运动神经受到刺激这一点。朗读的时候，运动神经为什么能够被激活呢？他这样说道："说得极端一些，记忆就是一种运动。曾经上学时考试的内容都忘掉了，但是学到的乒乓球、游泳技能，我们毕生都不会忘记。用身体去经历、体会并记忆的东西，会持续更长时间。比起默读，朗读会使用大脑的各区域，并且反复使用大脑中的运动区域。提高记忆力的各种机制，和朗读时能很好地记住的原理，是一致的。"

脑前额叶负责运动功能，它还和注意力、记忆力有密切的关联。因此，每次朗读时，可以通过肌肉的重复运动增强注意力。事实上，我们在朗读的时候会使用到很多微小肌肉，只是我们没有意识到而已。用眼睛看，用耳朵听，再动动舌头和嘴唇。通过这个过程读出声来的内容，身体会记得更牢靠。

需要背诵时，比起默默地看，读出声来的背诵效果会更好，这是因为我们有了身体记忆。用身体去记忆的东西一生都不会忘记，朗读也是一个道理。朗读时，能够提高注意力的理由也在于此。默念时很容易漏掉的文章内容，读出声来就不容易漏掉，会有效地记在心里。

犹太人做“海沃塔”时晃动身体，其实也是一个道理。

他们在背诵时，会发声，随时站起身来走动着背诵。用眼睛去看，用耳朵去听，同时还靠身体的运动，有效促进大脑活动。大脑活动提高时，背诵效果也会增加。“海沃塔”是一种允许边走动边讨论的自由的学习方法。

建议让孩子体会到朗读的快乐。动嘴、读出声来时，大脑会跟着快速运转。为什么学习一定要坐定，“安静地学习”才可以呢？犹太人读出声、用耳听、晃动身体，靠这些过程让大脑更活跃。唯有如此，才能坚持下去，才不会厌烦，学习才更有效率。

和孩子一起实践吧！

1. 妈妈和孩子一起，轮番大声朗读。
2. 孩子大声读书时，妈妈在旁边认真倾听。
3. 让孩子养成学完后要做一些放松运动的习惯，哪怕5分钟都可以。

让小时候的阅读习惯
陪伴一生

培养亨利·基辛格的是他父亲阅读时的形象。
看着父母阅读，孩子也会跟着养成阅读习惯。

学习始于模仿。亨利·基辛格是第一位当上国务卿的犹太人，他一开始是受到了他父亲的影响，模仿他父亲读书。据基辛格回忆，他父亲是一名颇受尊敬的中学教师，因为酷爱读书，经常躲在堆满了书的书房里不出来。他因此也在父亲身边读完了不同领域的书，还与父亲进行讨论，基辛格的童年有大部分时间在阅读中度过。

赫尔曼·黑塞说，人类创造出来的无数个世界中，应数书中世界是最伟大的。书中含有作家的经验、思考、知识、想象和醒悟，读了书，能够观察世界，可以有心理上的宽裕去思考和省察人与社会。在一个人逐渐形成人生观、世界观、价值观的时期阅读的书籍，甚至会决定这个人的人生道路。哲学家勒内·笛卡尔曾经说过这样一句话："阅读一本好书，等于和几个世纪最优秀的人进行对话。"

随着人工智能、大数据、无人机、物联网、3D打印机的出现，越来越需要人们通过整合知识进行富有创意和融会贯通的思考。阅读是发展思考能力、创造力、洞察力、想象力和共情能力的最佳工具。

《塔木德》上有这么一句，“和你借钱时可以拒绝，但和你借书时，不可拒绝”。实际上，1736年，拉脱维亚的犹太人街道有一种法令，不借书给别人的人要缴纳罚款。古代犹太社会，书到了破烂不堪寿命已尽之时，就会特意挖坑，将其掩埋其中。大多数犹太人家中，客厅都会有书柜，洗手间还会有小型书架，就是为了方便家人利用琐碎时间来阅读。不仅如此，很多犹太人还会在墓地上放本书。生命耗尽，但学习还将继续，这就是他们的哲学。

对于犹太人而言，阅读行为就如同吃饭一样自然。从出生到死亡，这一生都会与书共处。这就是为什么犹太人被称为最爱读书的民族。据联合国教科文组织的一项调查结果，犹太人每年平均阅读量多达64本，意味着每周至少阅读一本以上。

韩国每10个成年人中，有4人可能一年连一本都没有阅读。在过去的10年时间，韩国的整体阅读率持续下降。不过奇怪的是，学生的阅读率高达90%，可能这是因为阅读记录会体现在学生的综合评价中，客观上带有半强制性。学生们为了拿到高分，机械重复读书、写读后感，这就很难期待他们在这个过程中能获得阅读的乐趣。

枕边读书的重要性

无论什么事情，系好第一个纽扣都是很重要的。从小让孩子养成阅读习惯，它会持续孩子的一生。犹太人父母热衷于从小培养孩子的阅读习惯。读书是犹太人生活的一部分，从胎教开始，等孩子过了周岁，就会在睡前给孩子读书，使之成为习惯。这就是我们所说的“枕边读书”。这个时期，父母会挑选孩子感兴趣的内容进行阅读，比如寓言、童话类等图书。

待孩子会讲话时，就会边读给孩子听，边和孩子进行对话。通过这个过程，同时培养孩子的思考能力、表达能力、想象力和创造力。犹太儿童到了4岁，词汇量会达到1500个或更多。

“枕边读书”是迄今为止人类所掌握的阅读习惯培养方法中最为有效的方法之一。通过与父母一同阅读的经历，孩子们能够熟悉图书，并且喜欢上图书。实际上，给孩子读书并不容易。有时候，父母甚至需要读同一本书数十遍甚至数百遍。为此，有些父母试图早点教孩子认字，但是这对阅读习惯毫无帮助。认字和理解书的内容，是完全不同的两件事。

到了孩子可以去学校读书的年龄，犹太人也还是会继续给他们读书。伴随着父母的温暖怀抱、深情而津津有味的声音等要素的阅读体验，会成为一种特殊的养分，陪伴孩子一生。他们之所以一生都喜欢阅读，是因为他们将阅读当作快乐生活的一部分。一旦亲近图书、喜欢上图书，孩子就更容易成为终身阅读者。生活再忙，图书都会是一个舒适温馨的避风港。

即使在犹太人严格遵守的安息日，唯独读书这件事是被允许的。安息日，所有餐厅和商店都会关门，很多家庭甚至在家中都不会动明火。他们严格遵守安息日的规矩，唯独书店，人山人海。在安息日，犹太人会和家人一同阅读和讨论，孩子们在这样的气氛中自然地成长为生活阅读者。

阅读后进行对话

那么，仅广泛涉猎就好吗？哲学家叔本华说并不是。他认为没有思考的阅读，并不能让知识成为灵魂的食粮。经常读书但不去思考，好不容易获得的知识不能扎根于脑海中，通常都会就此消失。想要让知识变成智慧，必须要用自己的眼睛，去主动思考。再好的书籍，如果没有自己的想法，都不可能从中受益。

犹太人的优秀之处在于，不仅读书，而且还会围绕着所读之书进行对话。他们通过阅读历史、政治、社会、经济、文化等众多领域的书籍获得广泛知识，而且还会通过讨论培养出思考的能力。

用语言和逻辑组织自己的思想，听取别人意见时，会意识到自己思考的欠缺。互相指出和弥补对方的逻辑漏洞，能培养思考能力。有很多犹太人，除了自己所从事的专业领域之外，很多人在其他方面也博学多才，擅长融合。这都要归功于他们认真阅读和深入讨论的过程。当每个人的各种知识和思想相互碰撞和融合时，就会迸出火花，促进每个人创造能力的提升。

随着媒体和科学技术的同步发展，读书变得是一件奢侈的事情。而我们却无法通过视频媒体来处理当前所有的知识和信息。包括YouTube在内的视频媒体和社交媒体，会让观看者看完画面后立即作出反应，这种反应会蒸发掉我们的思想。我们思想的基本结构，类似于一本书，同样由绪论、本论、结论以及起承转合的结构来形成。没有通过文字训练的思想，很难被称为思想。用YouTube观看阅读频道，这只能是一种接受信息流的过程，并不能给思想赋予它该有的结构。

犹太人通过不断阅读，吸收几个世纪的知识与智慧。通过从批判性的视角去看待现有知识、进行省察的过程，奠定创造新事物的基础，同时培养想象、体验和思考的能力。阅读还是认识自己的过程。通过读书，可以了解到自己的内心，找到自己内心的欲望、信念、核心价值。最终，阅读者终能成为领导者。好比碎石路面上有无数块碎石，但如果想拿到块，就必须得弯下腰去。这是一个浅显且普通的真理，这意味着想要获得智慧必须要亲自实践。

在父母的监督下被迫进行的阅读，就如同乘坐一辆只备有一台引擎的交通工具，在进行长途跋涉一样。其过程不愉快，孩子很难沉浸在其中，也很难坚持下去。父母要趁孩子年幼时，让他体会到阅读是一件开心的事情。先把那些必读书单放一边，从一本孩子感兴趣的书开始吧。

关键是父母成为榜样。请你进客厅和房间看一看，其中一面墙是否由儿童书籍填满。孩子们要在我们未曾经历过的时代生活下去，要想像灯塔一样照亮孩子的人生路，父母就必须得拥有一双慧眼可以眺望远方。每天坚持阅读，父母自身也会有所改变，孩子也会潜移默化地学到更多。

和孩子一起实践吧！

1. 当孩子读书时，要动用一切手段，增加孩子读书过程中的乐趣。
2. 读完书，请和孩子一同谈一谈这本书。和孩子一起，想想不同的结局。
3. 以身作则，平时多读书，让孩子看到你读书的样子。

培养孩子的阅读习惯

1. 和孩子一起读书。让随时随地读书成为孩子自然而然的日常活动。

2. 经常和孩子一起去图书馆或书店。即使不读书，仅仅看看专心致志地读书的人，也足以激发你的孩子。

3. 在给孩子读书之前，父母应该富有趣味地给孩子讲故事，还要告诉他们书中有更多有趣的故事，以提高孩子们对阅读的兴趣。

4. 如果孩子还不识字，那先给孩子看图片。孩子仅凭图片就能够进行充分的想象和理解。先选没有文字的或文字较少的绘本，让孩子体验读书的乐趣更重要。

5. 每天设置一定的阅读时间。每天读20分钟左右，尤其是在睡前读书，不仅可以增加孩子对书的兴趣，还能提高听力、注意力、情绪稳定度和亲密感。

6. 读完书后，花一些时间和孩子聊天。孩子会对书的内容有更多的感受和想法。不过需要注意的是，不要光顾着和孩子确认书的情节、信息等内容，因为这会给孩子带来负担。

7. 读一本能兼顾孩子的关注点和兴趣的书。如果能让孩子从中得到有关自己喜欢的东西的新信息，得到更多乐趣，那么孩子将能够更容易亲近书。

8. 给孩子读书时，要有韵律感和生动感。孩子们会自然而然地认为书的内容很有趣。

9. 给孩子读书时，有趣的结尾可以留到下次再读。对下一个内容的好奇，会让孩子们更加期待阅读时间，也会自己主动想象或寻找故事接下来的内容。

犹太人的成功秘诀，写作

领导人的核心力量是写作。
因为写作需要综合思考能力。

有人曾做过一次针对1600多人的调查访问，被访问者的年龄是40岁，他们都毕业于哈佛大学，问题是这样的："现在工作中最重要的是什么"。令人惊讶的是，超过90%的毕业生回答"写作"。对于"今后需要付出更多努力的是哪个部分"的问题，回答"努力让文笔变得更好"的人竟然是其他答案的3倍。

研究结果表明，写作能力与收入密切相关。波特兰州立大学斯蒂芬·莱特教授曾与美国教育部门合作，调查了美国成年人的语言水平对他们毕生获得的财富带来的影响。结果显示，把书写能力分成5个等级时，最高等级和最低等级的人的收入差异达到了3倍以上。

哈佛大学有一个传统写作课，已经有150年的悠久历史。考入哈佛大学的人，都要修读该课程。在这门课程中，学生们将学习如何进行论证、汇总和引用证据、简单清楚地表达句子或段落以及文体学理论等等。来自不同专业的教授们不仅要教授写作技巧，还会教授写作的思考过程。除了哈佛大学，很多商学院也是如此。宾夕法尼亚大学沃顿商学院，把提高写作和沟通能力当作教育的优先目标。美国的企业在招聘人才时，也会优先考虑写作能力。

写作是领导者的核心能力。爱彼迎（Airbnb）的创始人布莱恩·塞斯基这样说过："如果你是一个大企业的高管，必须要擅长公开演讲和写作。因为这是管理工具。"他本人也是这样做的，为了成为优秀的管理者，努力提高自己的阅读、写作和演讲能力。他认为，一个管理者需要和人们分享价值观和愿景。自2015年，布莱恩每个星期日晚上都会通过电子邮件，和员工们分享自己的愿景。马克·扎克伯格也是一位喜欢写作的领导，他会通过他自己的社交网站透露自己的近况和愿景。

培养孩子思维和心智的写作

犹太儿童在学校不断地接受用书面形式组织内容的写作训练。以色列的学校大部分考试题都采用论述型、叙述型。他们认为选择固定答案来进行客观评估的教育方法，不适合培养孩子的创造力。在以色列学校的考试中，很多题型都是要求用自己的语言表达"写出你对……的意见和看法"。韩国的考试很多都是需要学生们选出一个正确答案，比如"对×××的解释中正确的是哪一个"。以色列学校的作业也是采用作报告的形式，要求学生整理自己的思考，考试没有固定答案。考试的评估标准是：学生的文章是否逻辑性地表达了自己的想法。在这个过程中，学生们为了完成报告去搜集各种资料，并根据资料展开自己的思考。学生们从小学一直到大学，都会分阶段接受这种训练。

写作与思考能力的高低是密不可分的。写作并不只是写好一篇文章，而是一个人思考的结果。写作过程需要综合自己的思考能力，例如利用逻辑、推理、内容组织能力有理有据地表达自己的想法。纽约大学教授保罗·罗默是著名的创造力专家，也是2018年诺贝尔经济学奖的获得者。他强调“阅读和写作是创造力的基础”。写作过程中，可以把脑子里模糊不清的思想变成有理有据、带有逻辑结构的思想。犹太人的创造力是从阅读开始，通过写作完成的。

对于犹太人来说，写作是生活不可或缺的一部分。只有写得好和写得不好的区别。他们有一句话是这样说的：9个犹太人中必有一个是作家。犹太人通过阅读、谈话和写作来提高思维能力。他们在学术界、媒体、文学、法律界等各行各业发挥着重要作用。犹太人，即使是学理工科的，也都接受过写作训练。不仅是诺贝尔文学奖，在物理、化学、生理医学等领域他们仍然能获得诺贝尔奖的关键就在于此。

在叫作未来学的新的社会科学领域，犹太人的作用更是独一无二的。宣布新词“数字游民”的雅克·阿塔利、3次获得普利策奖的托马斯·弗里德曼、写出简史三部曲的尤瓦尔·赫拉利，全名尤瓦尔·诺亚·赫拉利，他们都是犹太人。

“未来学”通过使用各种数据深入分析现状来预判未来。因此，未来学家除了自己的专业知识以外，还得掌握经济、社会、历史、地理、哲学、环境科学等各个领域的知识，需要涉猎广泛并协调能力强。一个人必须充分消化这些繁杂的知识，才能以独有的视角作出令人信服的解释和说明。因此，不断接受阅读和写作训练的犹太人在这个领域就具备了更多优势。

写作是一种习惯

写作既是一种拓展思维的工具，也是思考的最终产物。它是高标准评估一个人的核心要素，也是领导者的核心素质。它可以是个人对生活的记录，也可以是公共事件的历史记录。一个人的文章能够打动某个人的心，也能改变人们的想法，甚至能够改变世界。文字带来的影响力会十分强大，而且会持续时间很长。这就是写作成为必不可少的生命之武器的原因。

如何让孩子亲近写作呢？写作是一种习惯，从小让孩子养成写作习惯，那么长大后这个习惯也会继续下去。看到孩子写东西，不管他写了什么，作为父母，一定要成为孩子的第一读者和狂热粉丝。孩子看到每次写出的文章，都有粉丝给予热烈支持，一定会更加发奋写作。如果经常被质疑："这一段是什么意思啊？"就是成年人听到这些反应也会不想写，何况是孩子呢。父母要首先体谅孩子的内心感受。

让孩子自由选择写作主题，写他自己喜欢的内容，推敲润色的工作父母再和孩子一步步进行。相信我们都有经验，上小学时，开学之前两天一口气完成堆积了两个月的日记作业。这样的写作，毫无益处，反而害处多多。让孩子对写作有好的回忆，这一点很重要。写作后获得了他人的称赞和鼓励，这样的经验能使孩子继续坚持写作。犹太教育的基本哲学是"快乐而开心”。唯有如此，这一习惯才能坚持，且能做好。

和孩子一起实践吧!

1. 先选一个孩子喜欢的主题，让孩子写一个相关的句子。
2. 对孩子的文章表示深度共鸣，多给予孩子称赞和鼓励。
3. 和孩子一同谈论对一本书的想法，并让孩子写下自己的想法。

最大的财富便是脑海中的知识

几个富人和一个智者同乘一艘船前行。他们都带上了所有财产，踏上了新的旅程，准备移居到新地方开启新的生活。几个富人开始数着自己的财产，夸耀自己多么富有，还嘲笑看上去寒酸拮据的智者。

智者回答说："我们几个当中最富裕的是我。很遗憾，现在没办法让你们大家看到。"几个富人听闻，嗤之以鼻。不久，船遭到海盗袭击，富人们的财产全被洗劫一空。

当船终于到达港口时，智者召集了学生，创办了学校。由于他很擅长教学，学生人数越来越多。而当初只随身带了金银财宝的富人们，则在港口打着各种杂工勉强维持生计。这时，他们才理解了智者那句话的真正含义。

——《塔木德》

学习乐趣，从这里开始

在教孩子学习之前，先教学习的乐趣吧。
就像犹太父母在书的第一页滴了蜂蜜一样。

“终身学习”成为当下的热门话题。这是一个崭新的时代，随着技术的变化，很多职业迅速消失，同时又有很多职业如雨后春笋突然冒出来。很多专家预言，将来我们的孩子毕生拥有的职业数少则10个，多则20—30个。在学校学到的知识不足以跟上社会变化，必须要不断接受新事物。

世界经济论坛创始人、《第四次工业革命》的作者克劳斯·施瓦布说过一句意味深长的话。他预测，“过去是大鱼吃小鱼的时代，将来，快鱼吃慢鱼”。也就是说，能够迅速发现并分析变化、抢先一步作出预测的人方能成为赢家。

韩国科学技术院的脑科学家郑在胜教授强调，“要把孩子培养成喜欢不断学习、接受必要知识的人”。努力奋斗的人比不上乐在其中的人。要让孩子认识到，学习是快乐的。

犹太人通过一种有趣的方法给孩子灌输“学习很快乐”的想法。当孩子刚开始阅读《塔木德》时，父母会在书的第一页滴一滴蜂蜜，并让孩子品尝蜂蜜，学校也会举行类似的仪式。当孩子刚开始学习字母时，他们会用手指蘸上蜂蜜写字，并吸吮手指。有的学校还会给所有新生发放字母形状的甜饼干。孩子们把涂了一层白糖的字母饼干放进嘴里，用全身心去感受“学习的甜蜜”。

要培养主动学习的孩子

犹太人之所以热衷于教孩子学习的乐趣，是因为这是学习的基础。没有坚实地基的建筑，很快会倒塌。在学习中感受到乐趣的孩子和被迫学习的孩子之间的区别，越到高年级就会越明显。人们常说，孩子直到小学阶段的成绩都要归功于孩子的母亲。到了中学之后，主动学习的孩子和被迫学习的孩子之间的区别会特别明显。还有一个问题是，即便是主动学习的孩子，考完了高考就会放弃学习，这是很遗憾的现实。犹太人会教育孩子：学习并非为了学得比他人好，而是因为学习有助于增加知识量，体验这一过程所带来的快乐。这样，在他们长大成人后，很有可能会继续学习，让学习伴随他们一生。

因为有趣，才能坚持。他们不仅学习自己专业领域的知识，还会去涉猎其他各个领域的知识。

犹太人通过《塔木德》的学习来培养终身学习的习惯。

犹太人有句谚语说：“花20年学习到的，有可能仅两年便失去。”一把剑不去磨，也会钝如石头。如果不一直坚持学习，很容易失去所学知识。要想一辈子坚持学习，就要学会享受学习过程。犹太人十分重视学习的乐趣。犹太父母会竭尽所能教孩子意识到学习是快乐的。因为他们深知，孩子一旦认为学习是困难的，就很难让他们坚持下去，更不用说提高学习效率。更有甚者，认为孩子对学习不感兴趣是因为教得不好。

犹太人认为学习的乐趣是学习之土壤，因此他们不会给孩子进行不合理的早期教育。因为学习是毕生的事情，无须着急开启。

犹太父母提供的是及时的教育，而不是早期教育。如果说“早期教育”是认为早出发的孩子会先到，那么“及时教育”则是认为要不错过出发时间。犹太父母认为，学习时间是因人而异的，因此会给孩子适合孩子水平的教育。如果给孩子灌输的知识超过了他们所能接受的范围，孩子会产生“学习很难”“我学不好”的认知。

喜欢新事物才是学习的真正开始

有一个“揠苗助长”的成语，意思是为了让谷物长得更快而去拔苗。这出自《孟子·公孙丑上》。宋国有一个愚钝的农民，种了稻子后好奇长了多高，去稻田一看，感觉自家稻子长得似乎比人家的矮，一着急就拔出了稻苗想让它们快点长高。或许是心理作用，他觉得稻子确实高了一些。回到家他对家人炫耀，说自己一整天忙着拔苗快累死了，家人们大吃一惊。第二天，农民的儿子去稻田一看，稻子全部枯了。

有的父母通过提前教育来提高孩子成绩，这种行为和揠苗助长的农夫如出一辙。在韩国，有的父母在孩子很小的时候就教九九乘法表，在他们升入中学之前，就想教完韩国人洪性大著作的《数学》。但是很小就会乘法、能解《数学》中的数学题的孩子，很有可能长大后会与父母的期待背道而驰，失去对数学的兴趣。到了高中，他们有可能会加入到“弃数者”行列。这种情况在我们周围屡见不鲜。无论是植物还是人，根要牢固。稻苗需要靠自身力量扎根于土壤，孩子们也一样，需要有足够的时间自己去扎下学习的根。只有孩子体会到主动学习的快乐时，才算开始了“真正的学习”。

孔子说自己是一个“喜欢学习的人”。“学到东西的时候，我总是全心全意，甚至忘了吃饭，学习太快乐，以至于能忘掉所有的烦恼。”孔子之所以喜欢学习，就是因为学习过程本身很愉快。孔子学习并非为了被他人认可或赢过别人，只因通过学习悟出新东西时的快乐而学习。我们如果也能放下“必须要学”“必须要考出好成绩”等心理负担，也许能和孔子一样体会到学习的乐趣。

犹太父母教孩子们如何靠自己去学知识与获得智慧。他们并不要求孩子回答出一个正确答案，而是帮孩子通过学习找出属于自己的答案。100个人对一个问题能给出100个不同答案，这种现象之所以能够发生，得力于他们的学习方法。这种教育哲学同样适用于学校。老师们给学生布置作业时，会强调学生尽量多去参考更多的资料。孩子们在查找资料、进行分析、汇总整理的过程中，掌握了获得知识与智慧的方法。老师的评估标准也会放在找到的资料是否恰当、分析得是否准确等过程上。他们一生都在学习寻找属于自己的答案。

孩子一旦体会到虽然有困难，但是经过自己的努力最终找到答案时的快乐和兴奋，他们之后就会主动去学习。孩子会很有自信，认为“我能做到”。不和别人作比较，也不纠结于统一的评估方式，让学习自然而然地成为一件快乐的事情。很多大人提到学习就会摇头，这是因为他们在学生时代对学习有过不快乐的回忆。其实，随着年龄的增长，学习能够教一个人如何生活，也能通过各种领域的知识丰富人生。

我们要给予孩子一个动机，也就是学习的目的。为什么要学，学习的目的是什么呢？你可以和你的孩子聊聊这些话题。当孩子在学习上扎下根时，未来无论面对什么样的困难与变化，都不会动摇，都会坚持走自己的路。

和孩子一起实践吧！

1. 要给孩子灌输学习很有趣的思想。
2. 先从孩子喜欢的事情开始，引领孩子做好它。
3. 和孩子聊聊为什么要学习，学习的目的是什么。

如果说过去的领导者是会说话的领导者，
未来的领导者则是会提问的领导者。
提问是思想的根源，让孩子自由地提问吧。

02

比起“做得比别人好”，更爱“与众不同”

– 犹太人的创意・个性教育 –

人工智能时代必须具备的核心能力，是“创造力”和“想象力”。未来的竞争在于创造与现有产品不同的能力。犹太父母强调的不是自家孩子“比别人做得好”，而是“与众不同”，他们尊重孩子的个性。不用学习这个统一的标准去评估孩子，而是专注于发现和培养孩子的才能。犹太教育的基本理念是，有100个人就得让100个人都成为“独特”的人才，没有一个失败者。

创造性的开始是好奇心。要从小养成孩子不断提问的习惯。让他先知道世上没有什么是理所应当的，方能产生各种问题。要学会引导孩子，让他们习惯去带着疑问，想出不同于现有创意的新鲜创意。

不追求“第一”，追求“独一无二”

如果所有人都朝着一个方向走，世界就会倾斜。
换言之，不要想着成为比别人优秀的人，而是成为与别人不同的人。

《塔木德》中有句话，“在教孩子之前，先解开眼睛上的布”。不要无视孩子的气质和个性，一味地去实现父母自己的欲望和期待。犹太人相信每个孩子都被赋予了不同的才能。犹太人将子女教育视为应尽的义务，他们会竭尽全力去发现孩子的才能。并且，为了让孩子们最大限度地发挥出其才能，更要做好引导工作。不管孩子拥有什么样的才能，都会去尊重它、赞扬它、培养它。孩子们也会在成长过程中不断地去发现自己的才能。

犹太人非常尊重多样性。犹太谚语中说道，“100名犹太人，有100个意见”。每个人都是不同的。不同意味着差别，而不是错的，这是他们的共识。因此，犹太人不会单以学习好坏的标准去评估。希伯来人，它还有一个含义，是指“独自站在另外一边”。与这个起源一样，犹太人很自然地接受走自己的路，走不同于他人的路。因此也能专注于发现孩子独特的才能，引导他们尽最大努力去实现自己的目标。

尊重孩子的个性

在很多成功的犹太人背后，总会发现他们拥有认识到并且信任他们才能的父母。21世纪电影行业的大师史蒂文·斯皮尔伯格小时候是一个患有阅读障碍的孩子，他不喜欢学习，更讨厌上学，学习成绩也一直落后。因为他是犹太裔，还受同学们排挤，因此他总喜欢一个人空想。斯皮尔伯格的母亲并不强求儿子学习，反而相信儿子的梦想。当儿子为了不想上学而撒谎时，她还会帮着写封信说“我家儿子生病，不能上学”。

> “说实话，我从来就不是一个传统的母亲。我只是觉得我必须倾听儿子的要求。因为我相信这是保持孩子独创性的方法。”
>
> ——莉亚·阿德勒（史蒂文·斯皮尔伯格的母亲）

上学期间，斯皮尔伯格总是随身带着一台8mm摄影机，进行拍摄，并将拍摄的内容剪辑成影片。母亲会认真看完儿子的作品，竖起大拇指夸奖他。她鼓励儿子说，妈妈很期待你的作品，“你的想象力是世上最棒的”。假如斯皮尔伯格的母亲当年拿“别人都在学习，你看看你自己在做什么？你有没有为将来做过打算”来教育他，会有什么结果呢？看到儿子不同于他人，她没有和别人作比较，而是选择尊重他的个性，会竭尽全力去帮儿子完成自己喜欢的事，默默地在一旁鼓励儿子直到他取得成功。

据说“天才科学家”爱因斯坦是人类历史上智商最高的，他直到4岁才开始说话。等他进入小学后，也因为跟不上同学的学习进度，老师称他是个没办法学习的孩子。好奇心强的爱因斯坦，在课堂上提出很多奇奇怪怪的问题，老师们责怪他注意力过于分散。再后来，老师对他的母亲说，希望别再让他上学了，“我们担心他会给其他孩子造成不良影响”。

爱因斯坦的母亲听了老师的这番话决定亲自教儿子，且并没有因此而惩罚或放弃儿子。她对儿子说道：“你是一个聪明的孩子，只是其他人不知道而已。要是只和其他人一样，就不能比别人更好。”对于好奇的爱因斯坦提出的问题，母亲会很认真地陪着他去找答案，从来不敷衍。爱因斯坦喜欢物理，她就帮他搜集物理方面的书。在母亲的帮忙下，爱因斯坦在15岁时已经读完了笛卡尔、牛顿、欧几里得等优秀学者的著作，并且他精通其他孩子特别苦恼的物理、哲学、化学等学科。爱因斯坦母亲不同于他人的教育理念，成就了最优秀的物理学家。

犹太父母会尽可能地尊重孩子的意愿，但同时强调，孩子们必须尽最大努力去实现自己所想。世上没有任何东西是免费的。既然是自己选的，那么一定要对结果负责任。父母尊重孩子的自由意志时，孩子才能承担起自己的责任。他们支持孩子做自己想做的，并用称赞和鼓励给孩子灌输积极的自我形象。有了父母的全力支持和信任，无论遇到何种困难，孩子都有力量去克服和解决。曾经两次获得诺贝尔奖的物理学家莱纳斯·鲍林说道：“我这一生中从来都没有做过我不喜欢做或不能享受其过程的事情。每件事，我都是尽全力去做的。”

发现孩子的个性

“如果所有人都朝着一个方向，那么世界将会倾斜。”——《塔木德》。犹太父母会劝导孩子成为“不同于他人”的人，指的是不要盲目跟着别人走，而是要找到属于自己的那条路。他们不喜欢自己和别人一样。他们甚至会强调即使是玩也要与他人不同。他们坚信，唯有赋予孩子个性，才是通往成功的捷径。

拥有不同于他人的优势，就能占据独一无二的位置。“最好”只是属于某一个人，但“独特”是任何人都有可能实现。他们就是这样，将100个人培养成100个第一名，谁都不是失败者。

创造性来自强调个性的教育。人如果不能摆脱固定模式，那就无法进行自由思考。犹太人的教育尊重与他人不同的个性，不去被动接受现有的权威和理论，抱着怀疑的态度，方能创新。摆脱现有的、你所熟悉的东西，这种挑战行为需要很大勇气。犹太人正是因为有这种勇气，才能在人类历史上留下非凡的印记。他们打破了传统思维的框架，进行自由而创造性的思考，创建一条属于自己的新路。被称为“现代管理学之父”的彼得·德鲁克说道：“预测未来的最佳方法是创造新事物。”我们很难预测未来，但我们可以创造它。创新是预测未来的最佳钥匙。

当所有人都走上一条路时，为了生存而展开殊死竞争是不可避免的。当极少数的胜利者举杯庆祝时，无数个失败者就得尝到失败之苦。我们说过所有的孩子都是天才。成为天才还是失败者，取决于能否发现孩子的特殊才能。就像圆形、三角形、方形形状不同，孩子也一样。当父母发现孩子的个性时，孩子方能充分发挥自己的力量。不要拿圆形的孩子和三角形、方形的孩子作比较，要相信和认可他的圆形特征。这样，孩子能够发挥与生俱来的天赋，为创造出更加美好的世界画上自己的闪亮一笔。

和孩子一起实践吧！

1. 发现和培养孩子的独特才能。
2. 不要强迫孩子做他不想做的事情。要教他尽全力做好自己想做的。
3. 不要拿自己的孩子和其他孩子作比较。

重视旅行的原因

旅行能让孩子从崭新而陌生的视角去看待熟悉的事物。
创造力来自陌生视角。

犹太人喜欢旅行。即使生活不是很宽裕，也会花钱去旅行。他们是花钱买经历。东西越用越旧，然而经历却能使人成长。他们会利用节假日，每年会有两次以上的旅行。开学后，教师会叮嘱家长，“请不要为了旅行而耽误孩子上课”。可见犹太民族有多喜欢旅行。犹太父母喜欢孩子从小去旅行。在幼儿园或小学举行两天一晚的旅行时，家长都会积极送孩子去参加，到了假期还会送他们去参加营地活动，或者送他们独自去远方亲戚家度过假期。

在以色列，学校每年都会举行旅行，露营和参观历史遗迹。低年级旅行的时间是一天，而高年级则长达三四天。孩子在高中毕业后，无论男女都要参军，服完兵役后，他们会出国旅行。一般是一两个月，有的长达一年，孩子们通过旅行过程积累新的经验。至于差旅费用，都是他们靠兼职打工赚来的。圣·奥古斯丁说过，“世界是一本书，而不旅行的人只会读到其中一页”。

新经验能刺激大脑

旅行能让人看到新事物。吸收新见闻，人就会进行思考。很多认知，在平时想当然的那些，在旅行中可能会变得陌生。人的创造力基本上来自“陌生化”。富有创意的想法，来自以新视角去看待事物的过程。韩国西江大学哲学专业名誉教授崔振锡说道，“旅行是最容易实现让事物陌生化的方法”。人在踏上旅途时，每一个瞬间都能体会到新鲜事物。我们呼吸到的空气、大街上的喧嚣声，甚至是鸟鸣，在旅行过程中听起来都有新鲜感。结束了一段旅行回来后，就会觉得日常生活也会有所不同。

新的经验能给人大脑带来刺激。在陌生地方待一周的时间，你会感觉一个月的时间那么长。这是因为人的大脑在努力工作以识别新信息。小时候觉得时间过得特别漫长，是因为我们每天都在经历新事物。相反，随着年龄的增长，我们会感觉时光过得越来越快，是因为生活中的变化越来越少。遇到新变化时，大脑才会变得活跃、富有创造力。犹太人鼓励孩子通过旅行积累丰富经验，也从这些经验中寻找新的机会。

很多孩子都喜欢芭比娃娃，它的创造者露丝·汉德勒也是犹太人。她当时正经营一家小型玩具公司，有一次她带着全家去瑞士旅行，看到了成人玩具娃娃，得到了灵感。露丝看到女儿芭芭拉喜欢装大人、学大人模样，就创造出了性感的玩偶，这就是第一个芭比娃娃。犹太人谢尔登·阿德尔森在沙漠城市拉斯维加斯建造了“威尼斯度假胜地”，重现了“水城”威尼斯。这个灵感就是他在到访威尼斯的旅行途中获得的。

犹太人通过旅行，培养自身兼收并蓄的力量。对于其他文化，他们不会直接接受或排斥，而是以自己的方式进行“内化”后再接受。他们自小在多样性文化的环境中成长，每个人都能以自己的方式去理解和认可差异性。因此，他们认为差异化并没有什么不好，这种观念对犹太人而言已经是根深蒂固。一个人的创造力始于他认识到多样性。

弗朗西斯·培根说过，“旅行对年轻人而言，是教育的一部分，而对老年人而言，是经验的一部分”。犹太人追求“终身学习”，为了让孩子体验到学习的乐趣会付出各种努力。因此，他们的学校会有很多户外课程。幼儿园、小学低年级学生会被学校安排去户外活动，去自由叙述和讨论自己的所见所闻和所想。有时还会在山上或沙漠上搭帐篷露营。在他们的历史课上，还会组织学生一起探访“哭墙”，环顾大卫王墓。孩子们在探险、观察的过程中，激发好奇心。好奇心会不断催生孩子们对学习的渴望，能够培养出像爱因斯坦一样的创造型人才。

在旅行中往往会发生无法预测的事情，这和人生很相似。当孩子遇到问题时，犹太父母会给孩子机会自行解决。

即使孩子在旅行中会吃苦，犹太父母也会尽可能地花时间去等待。他们深知通过经验获得的智慧才是真正属于自己的。不是替孩子钓鱼，而是教孩子如何钓鱼，这就是他们的教育方法。孩子可以大胆尝试各种方法，在这一过程中找出解决问题的线索，并且获得可以独立解决问题的自信和自我效能感。无论遇到什么困难，孩子都有信心认为“我能做到”时，他们就可以按照自己的节奏过好自己的人生，创造力也会随之而产生。

设计公司IDEO创始人在自己的著作《令人愉悦的创意》中写道，如果你拥有“创造信心”，就能成为一个富有创意的人。重要的是要相信并下定决心自己能够做到。

旅行是找到自我的过程。如果说阅读靠大脑，那么旅行就是靠身体而进行的学习。摆脱日常，在一个陌生环境中时，人们会重新审视自己。如果你给自己足够时间去提问和思考，就能遇到率真的自己，也能获得自己的想法、标准和方式，才能度过以自己为中心的人生，而不是按照世界和他人的标准去生活。你才能成为自己人生的主人。

当我们认为自己是有价值的，并珍惜和尊重自己时，才会产生自我尊重感。有自尊感的人承认差异，从而实现融合与创造，而不会单方面地去从众或排斥。

通过旅行，创造更多与家人的专属回忆。他们会更多地进行对话，进一步了解对方，享受更多欢乐，放下日常烦恼，进行休息，补充能量。

人有时会突然想念过去在旅行中的空气、味道和温度，甚至会想起当时的情感和思考。这种记忆能够成为我们度过日常生活的强大力量。让我们像攒钱一样，积攒和孩子们的快乐回忆吧。和孩子一起挑选旅行目的地、制订计划。旅行不一定非要去很远的地方，重要的是穿上鞋出门去看、听和感受。这样能使孩子与生俱来的创造力苏醒过来，发挥出它原有的力量。

和孩子一起实践吧！

1. 就像和孩子玩耍一样，先和孩子一起挑选旅行目的地，再制订计划。

2. 都说了解才能发现。在旅行之前，和孩子一起做相关调查。

3. 旅行中多给孩子做决定的权利。

幸福和机会均来自人脉

去拜访各种人，比如邻居、公司同事、亲戚等，
通过这一过程，孩子会成长为融合型人才。

韩国诗人郑贤宗的《访客》中有这样一段诗句：

有人来
其实是一件大事。因为
这意味着
他的过去和现在
以及未来
一同前来。
来的是
一个人的一生。

与各种人相遇，能使人成长。遇到一个新认识的人，就会接触到这个人拥有的品质。有时，我们的思维甚至会扩大到未知领域。犹太人努力通过和他人的相遇来扩大孩子的兴趣领域，促进孩子的求知欲。

他们知道通过各种领域的融合，才更有利于发挥出自己的创造力。因此，犹太父母在约他人吃晚饭时，往往会带着家人一同前往。参观亲朋好友的房子时，也会以家庭为单位，来组成另一个共同体。孩子们接触到不同的生活方式、思考方式，会产生好奇。他们看到新的世界，甚至会思考我是谁、我该怎么生活、该做些什么。

和其他领域、其他行业及其他人进行互动时，人的思维方式会产生变化。每天都见到有限的人，只会受到相同的刺激，总有那么一天会让自己变得迟钝。

新的刺激才会促进人进步。拜访他人，遇到不同于自己的某种事物时，才会产生火花碰撞。与某人的会面，或许能打破我们心灵的外壳，或许还能改变我们的命运。曾进入银行当银行员工，后来又担任过朝日啤酒名誉董事长的樋口广太郎说道："年轻时候，借钱也要建立良好的人脉网络。水的形状取决于容器的形状，然而，一个人的命运取决于他所结识的人。"

第四次工业革命时代的生存武器——融合

犹太人父母总喜欢对孩子说：学会与人相处是非常重要的。你身边的好人越多，你越能获得成长。犹太人通过各种与人的相遇，询问自己是谁，思考要怎么活下去。他们通过不断地自我省察，悟出了人要"尽最大努力"

活出“最好的自我”。

他们各种相遇最终成就的是个人的成长。他们会把各种各样的信息或观点整合到自己身上，不断地创造新的世界。在这种环境下，犹太儿童很喜欢结识不同的人、听新的故事。他们深知这一过程能帮助他们成长，为自己未来的人生提供良好机会。

单靠个人成功的时代早已过去。谷歌、微软等世界顶级企业都在招聘“想一同共事的人才”，即他们需要的是具有出色协作能力的人才。每个人的能力并非简单相加，而是要实现相辅相成的事半功倍的效果。

未来，我们的孩子需要具备良好的人际关系、擅长沟通的能力，以及建立知识社区的能力。

看到“山羊”这个词，文科生会联想到“咩”这个拟声词，而理科生则会联想到羊的称重、形态或化学元素。说的就是“文科生和理科生的差异”。与具有各种不同知识和思想的人们进行交流与沟通，获得新的成果——这种能力便是一个人未来的核心能力。我们要把孩子培养成享受与他人一起实现这一过程的孩子，而不是去独自享受取得成绩、获得喝彩。

拜访他人可以锻炼孩子们的社交能力。人是一种社会性动物，我们任何人都无法独自一个人生活。我们在与人的关系中感到幸福，在这种关系中得以成长。在犹太父母看来，孩子社交能力的培养与学业同样重要。从小与各种各样的人接触，便能消除孩子对新事物的恐惧，也会增加他对处理好人际关系的自信心。

很多人认为亲和力是天生的，或者随着时间的推移会有所改善。然而，并非如此。人际沟通能力也是需要练习的。犹太父母不仅会教孩子如何与熟人相处，也会教孩子如何在商店、餐厅与他人相处。人际关系如同人身上的肌肉一样，用的越多会越发达。

犹太人特别强调倾听的力量，要学会站在对方的立场去聆听，并且发自内心地与对方产生共鸣，这才是人际关系开始的关键。他们还会告诉孩子，要有正直的人品和关怀体贴他人的心。要想获得他人的心，自己先为对方付出。要始终思考我能为对方做些什么。先把自己奉献出来，才能在与他人的关系中得以成长，感到幸福，这就是犹太人的人际交往方式。

犹太人教育孩子要建立坚实而友好的人脉网络，方能实现自我成长以及获得成功。“重要的不是知道什么，而是你认识谁。”人脉网络的价值受到人们的高度重视。

犹太未来主义学者雅克·阿塔利这样说道：“过去，贫穷意味着一无所有。然而在未来，贫穷将意味着无所属。未来最重要的资产将是你属于什么样的网络。它会成为实现‘积极获得成就的人生’所需的先决条件。”

哈佛大学从1938年开始研究成年人的人生，他们前后花了80多年跟踪了724个人，发现那些过得幸福、获得成功人生的人都很重视与家人、朋友、社区的关系。在你踏上长途旅行时为你收拾行李的人、在你遇到风雨时为你挡风遮雨的人、在你万事俱备只欠东风时在后面助你一臂之力的人，这就是你的贵人。归根结底，人就是答案。无论是自我成长，还是成功机会、个人幸福，均来自人。

要让孩子与不同的人接触。邻居、公司同事甚至是远房亲戚皆可，父母带领孩子以家庭为单位，一同见面聊天。其实，对父母而言，处理人际关系也是一道似懂非懂的深奥难题。即便如此，我们要坚信，人始终都要保持一颗真诚的心。无论遇到什么人，对于你面前的人、陪伴在你身边的人，都要有一颗真诚的心，才能获取自己想要的人生。父母也要教孩子做到这一点，把这个课题留给孩子去完成。

和孩子一起实践吧！

1. 带着孩子参加各种场合，让孩子遇到各种各样的人。
2. 告诉孩子认真倾听并和对方产生共鸣有多重要。
3. 教给孩子学会付出。

是什么成就了现代经营学之父彼得·德鲁克

彼得·德鲁克身兼多职，是教授、顾问、媒体人，也是作家、经济学家、政治学家、历史学家、经营学者。他旅行了50多年。到了60岁，他每3年都会进行跨领域研究，教书和写书。

德鲁克如此强烈的求知欲究竟是如何养成的呢？据说是在小时候受到了他父母的影响。他的父亲是经济学家、律师，也是奥匈帝国的外贸部长，他的母亲是听过弗洛伊德讲课的精神科医生。每周星期一晚上，他们家会邀请各行各业的人聚在一起，讨论有关政治、经济、社会、心理、艺术的主题。

多亏有这样的父母，年轻的德鲁克从小就有机会结识当时著名的音乐家、美术家、小说家、经济学家，比如弗洛伊德、冯·米塞斯、托马斯·曼等人。德鲁克的父亲让他和每一个人握手，他父亲受到邀请去其他人家拜访时，也总会带着自己的家人一同前往。

“对事物的洞察力始于观察人。我希望你能遇到各种各样的人，带着好奇心认真观察。”

后来，在父亲的建议下，德鲁克不仅结识了杰克·韦尔奇等当代顶级管理者，还和很多学者成为了好朋友。直到他去世那一刻（享年96岁），德鲁克都活跃在一线，真正意义上实现了终身成长。正是对人的观察，与人的交流，成就了博学多才的德鲁克。

培养超强想象力的4种方法

拥有想象力比掌握知识更重要。
要让你的孩子尽情玩耍，以培养他的想象力。

天才物理学家爱因斯坦，用想象力开启了科学的新世界。他把自己想象成“第二颗光子，去追逐以光速移动的第一颗光子”，并且以光子的角度给自己对宇宙的所见所感下了定义，这就是他的相对论。对他来说，数学或形式逻辑学都是辅助性的手段，真正重要的发现是依靠想象力通过直觉来想到的。之后，他在很多数学家的帮助下，以数学方式证明了该理论。爱因斯坦说道：

“我是一个可以自由运用想象力的艺术家。想象力比知识重要得多。知识有限度，然而想象力可以包含世界上的一切。”

想象力是指将未实际体验的现象或事物具象化的能力。虽然现在不在

此处，但是要在脑海中想象成仿佛它就在此处一样。换言之，想象力就是将眼睛看不到的东西靠思考具象化的能力。租车公司优步，提供住宿服务的爱彼迎，以及“联结大众”的社交软件、实时查看全世界地图的谷歌地图、人人都可以上传视频的网站、讲述一个少年在魔法学校的经历的《哈利·波特》……这些都是想象力的成果。想象力是创造力的最大组成要素，也是所有创造活动中最根本的东西。

华特·迪士尼在佛罗里达州奥兰多以西25公里处买了一大片荒地。对于一个普通人而言，这片土地只是一块沼泽地，然而华特·迪士尼却用他的想象力将其打造成了一座游乐王国。他的母亲，就是一位犹太人。

犹太人的创造力来自想象力。他们从小就很自然地接受想象力的训练。犹太人父母从小给孩子讲“世界上有虽然看不见但确实存在的东西”，培养孩子的想象力。

想象力使不可能变成可能。不合逻辑的事物，也可以通过想象力变成合乎逻辑的。假设在中世纪有人说“迟早有一天，我们也能上月球”，会怎么样呢？恐怕大多数人都会嗤之以鼻，笑他做白日梦。然而现在，科技的进步实现了人类登陆月球的梦想。儒勒·凡尔纳的小说《海底两万里》中的鹦鹉螺号潜水艇，催生了第一艘核动力潜水艇鹦鹉螺号。他的“80天环游世界”的梦想已经实现，如今环游世界所需的时间更短了。“月球旅行”，也于1969年阿波罗11号飞船的载人登月计划成功实现。1982年的电影《ET》中在空中飞行的自行车，近期也由一个英国发明家实现。想象力成了创造现实的材料。

现在，随着3D技术的发明，很多可以用电脑绘制的三维物体都可以作

为产品生产出来。将来，我可以建造我想要的房子，也可以制造我想要的汽车。人工智能时代已开启。我们很难想象这些技术即将如何改变这个世界。我们的孩子会生活在一个用想象力当原料来创新的新时代。

如何培养孩子的想象力

1. 讲故事

犹太人父母，通过给孩子朗读《塔木德》和《托拉》来激发孩子的想象力。摩西分隔红海、大卫用石头打败巨人、参孙被剪掉头发后失去力量、约拿进入鲸鱼肚子……犹太父母给孩子讲这些有趣的故事，并不停地和孩子交流想法与感受。孩子听到稀奇古怪的故事或提出新问题，都是想象力的起点。

“接下来会有什么故事呢？很好奇吧？明天再接着给你读。”父母会故意设置问题，激发孩子的好奇心，也会靠想象力创造出属于自己的故事。

2. 玩美术游戏

犹太人父母非常关注孩子的艺术教育，因为他们相信艺术可以培养创造力和想象力。孩子们两三岁就开始玩美术游戏。他们可以随意撕扯、粘贴，通过这个过程联结和扩张自己的思维。在玩美术游戏时，犹太父母也会强调“与众不同”。让孩子用美术来表达自己独特的想法，培养独一无二想象力。对于孩子的作品，犹太父母会表现出极大的关心，也会就此和孩子进行对话交流，同时夸奖孩子丰富的想象力。

3. 用音乐表达感情

犹太儿童往往到五六岁就会学习音乐。他们听着多样节奏和拍子组成的音乐，培养感受能力。随着音乐，让孩子想象温暖的春日风景，想象暴风雨的夏夜，想象到在云彩上面飘浮的感觉。孩子们可以通过音乐来表达情感，培养想象力。

世界著名男高音歌唱家鲁契亚诺·帕瓦罗蒂曾经说道，“比起站在钢琴面前歌唱，更多的时候是会看到乐谱在脑海中跳舞”。

想象力不仅被应用在艺术领域，像科学、技术等其他所有领域也都需要人具有想象力。作者米切尔·鲁特·伯恩斯坦夫妇也曾说道，“艺术激发了创意想象力，而这正是21世纪所需要的”，这强调了艺术教育的重要性。法国物理学家阿尔芒·特鲁索这样说道：“所有的科学都与艺术有关。所有艺术，都有科学的一面。最差的科学家是非艺术家的科学家，而最差的艺术家则是非科学家的艺术家。”科学家是离不开想象力的。

4. 角色扮演

角色扮演类游戏，也是促进孩子丰富想象力的方法之一。犹太儿童会通过各种各样的角色扮演类游戏，培养想象力。比如扮演医生、幼儿园里的老师等，孩子们可以成为想象中的人物，去想象出各种场景。孩子在角色扮演类游戏中可以充当导演，也可以充当演员。他们能够凭借自己的想象力创造出各种人物、台词、舞台道具和装置。

米切尔·鲁特·伯恩斯坦在她的著作《创造想象的世界》中强调了“虚拟游戏的重要性”。她还说，研究结果表明，“孩子玩游戏可以培养想象力和创造力，而随着理性思维的发展，这些想象力大部分会在孩子的7岁至

13岁期间消失”。

孩子可以真正发挥想象力玩得尽兴的年龄是在10岁前后。也就是说，孩子拥有的想象力和创造力是由10岁左右所玩的游戏创造的。让孩子在这个时期上各种学科培训班上，有可能是拿孩子毕生所需的想象力和创造力换取了英语、数学等一部分知识。

还有一点，要想培养孩子的想象力，就不能事事包办，不能手把手地教他们全部。美国麻省理工大学教授劳拉·舒尔茨做过一项实验，给孩子们有4种功能的玩具，其中一个组，老师向孩子们介绍了玩具4个功能中的一种；另外一组，老师没有做任何解释。结果，前一组的大部分孩子只掌握了老师解释过的那一个功能。而后一组，很多孩子发现了两个以上的功能。孩子们一旦接受了明确的解释说明，就不愿意再发挥想象力了。因此，研究小组认为，给出正确答案的教育并非是好的。舒尔茨教授提议，与其教孩子“这是正确答案”，还不如解释“这是对的，但是也有其他可能性”，这样反而更加有助于培养孩子们的创造性想象力。

每个孩子都拥有无限的想象力，这是他们与生俱来的，并且很长一段时间他们会生活在自己所想象的童话世界里。随着年龄增长，在逐渐面对现实的同时，他们逐渐失去了想象力。让我们来反省一下，父母在生活中有没有过抹杀孩子想象力的言谈举止。

犹太父母对孩子说得最多的话之一是“你是怎么想的”。犹太父母并不要求孩子给出固定的答案，他们会接着问孩子“为什么这么想”。他们用开放式的提问，扩展孩子的思维。他们不会提出给出简单答案即可的问题，比如“在学校过得好吗”“和同学们相处得好吗”。不管孩子作出什么回答，父母都会认真倾听，会不停地给出反馈、反应，还不时地加以鼓励。在这样的情况下，孩子们的想象力能自然地自由放飞。

请父母对孩子们的想象力作出反应，和他们一同分享感受；让孩子们阅读更多的书；让孩子们尽情玩耍，积极激发想象力。

“不需要用魔法改变世界。我们所需要的所有力量，都已经在我们身上了。我们拥有的能力，完全可以作出更多的想象。”

——J. K. 罗琳，《哈利·波特》作者

和孩子一起实践吧！

1. 通过给孩子读书，激发孩子的想象力。
2. 用美术游戏、乐器等手段，培养孩子的艺术想象力。
3. 给孩子充足的时间去玩耍。

通过游戏
锻炼创造力

游戏是培养孩子的社会性和创造力的极佳工具。
在游戏中充分发挥自我的孩子，日后不会畏惧这个世界。

成宇是所谓的“英语人才”。他妈妈相信“36个月之前学会英语，就可以成为双语者”，所以他妈妈选了英语教材进行胎教。成宇自婴儿时期就处在一个英语的环境中，出生后18个月起就开始阅读英语书籍。从24个月起，他开始上双语幼儿园，在还没有掌握韩语之前他就先学会了英语。他上到小学三年级时，每次“英语口语比赛”他几乎都能拿第一。但是等到了六年级，他开始出现一些异常状况，他容易烦躁，也容易和同学们起冲突。老师教育他，他就会冲出教室。成宇的学习状态越来越差，后来甚至变得懈怠无力，什么都不想做。

医生给他做了检查，经过检查发现，他的大脑边缘系统出现异常，尤其是杏仁核和基底神经节。大脑的边缘系统被称为“感情之脑”，它受损时，人的情感调节就会变得不成熟，短期记忆力会下降。成宇容易烦躁、发火，做事容易放弃都是因为这个原因。孩子们在成长阶段如果受到了过度的刺激，被迫学习过多的文字，会感受到很大压力。此时，大脑会分泌叫作“皮质醇”的压力荷尔蒙，抑制神经细胞的成长发育。而且越来越多的孩子身上出现这类问题。

《心流》的作者兼心理学家米哈里·契克森米哈赖说道，人类在心流状态中能获得最大的成就感，取得惊人的成果。根据他的研究结果，心流体验越多，注意力、自尊、喜悦、积极性会越高。回想过去，我们就能发现有过很多类似的心流体验。

然而，现在的孩子又如何呢？家长陷入了教育焦虑，一看到自家孩子玩耍而不是学习，就会担心其在竞争中落后，父母的这种不安心理，越来越多的孩子身心受到了伤害。

会玩的孩子能成功

美国神经学家保罗·麦克莱恩博士曾经提出过“三位一体的大脑”理论。据他讲，人类大脑由负责生命活动的“爬虫类大脑”（脑干）、负责感情和记忆力的“情绪大脑”（大脑边缘系统）、负责智力—运动能力的“思维大脑”（大脑皮质或大脑新皮层）等3个部分组成。这3种大脑会依次发育，其中“情绪大脑”会集中发育至12岁。此时如果受到不合理的早期教育，就会过度分泌压力荷尔蒙，阻碍大脑神经细胞的正常发育。过度的认知教育会导致孩子情绪不安、注意力分散、创造力发展减慢等严重问题。

事实上，玩是培养创造力的极佳方法。孩子们每天都用相同的玩具玩要也不会感到厌倦，他们每天变着花样去玩。扔在家里的纸盒子到他们手里也能成为一种玩具，他们能用它做出各种东西。树枝、路边的石头、树叶，对孩子们来讲，都是可以拿来玩的玩具。犹太父母并不会花大价钱买昂贵的玩具。他们会利用空瓶子、纸盒子、镜子等日常生活用品当孩子的玩具。废弃的自行车或家电产品，也很适合孩子们拿来玩。

“孩子们在自由玩耍的时候学到的东西，远比坐在显示器前或玩电子玩具时多得多。我认为，孩子们触摸和扔石头的过程中所学的物理学知识，远比用专家制作的物理教学用箱子来做实验时学到的多得多。换言之，在树林或庭院里自由玩耍的孩子们学到的东西，会比拿着组装玩具去玩的孩子们学到的多得多。”

——海因茨·克罗姆布霍尔兹博士，德国国立早期教育研究所

孩子们通过玩耍学会沟通、写作等能力，玩耍也是培养孩子社交技能的极佳手段。通过玩，孩子们能自然地学会交朋友的方法及和朋友相处的心态、规则和角色等。犹太人从小就培养孩子的集体主义精神，通过玩学会与他人沟通及生活。

孩子们在玩耍过程中发生争执时，会自行解决或重新制定规则。他们会决定各自的角色，共同做某件事情，遇到失败，他们会去探索其他的玩法。在玩耍过程中，不仅培养了孩子的创造力和想象力，更能提高孩子解决问题的能力以及协作能力。

“通过玩耍，孩子们会学到自行决定、控制自己的行为、和他人相处。在童年充分玩耍过的孩子，会具备遇到问题不轻言放弃、积极去解决的能力，也会懂得如何去交朋友。他们长大成人时，更有可能不畏惧这个社会。”

——皮特·格雷，美国波士顿大学心理学教授

游戏能够促进孩子的大脑发育

游戏对大脑发育发挥着至关重要的作用。大脑额叶就像是机场的控制塔台，而玩耍可以促进额叶的发育。额叶管控一切，它负责计划、控制、忍耐和解决问题。调节愤怒情绪、解决问题等能力，全都由额叶来负责。如果孩子受到持续不断的压力，就会抑制他的额叶的发育。专家们强调，给孩子施加过于沉重的学习任务，就会阻碍孩子额叶的正常发育，导致孩子学习能力降低。

在以色列的幼儿园里，孩子们可以整天自由自在地玩耍。以色列教育部门幼儿教育官——梅哈托这样说道：“我们不会给孩子进行和他所处的阶段不相符的教育。强制年幼的孩子坐在座位上学习，这不仅不符合他们的发育水平，更没有意义。孩子在这一过程中遇到困难和挫折，将来会出现更多的问题。”

玩耍的时候，应该是不带任何目的和理由的。玩耍不能成为伪装成玩耍的学习。玩耍一旦成为伪装的玩耍，孩子就会产生负面意识，会拒绝玩耍，会成为不会玩耍的孩子。

很多父母和孩子玩的游戏往往不是单纯的游戏。父母买了昂贵的学习玩具，看到孩子不主动去玩，就会焦虑。于是就叫孩子过来，陪着孩子进行游戏。“妈妈陪你一起玩！这个真的很好玩的，玩这个会变得很聪明呢！”要知道游戏是孩子想玩的时候玩的，要不带目的性、没有任何缘由地去玩，只是因为开心才玩。我们必须要学会区分真正的游戏和伪装的游戏。

在孩子7岁之前，犹太父母会通过游戏培养孩子的创造力和社交能力、想象力。他们会陪孩子玩拼图、找图案、玩黏土、玩积木，父母与孩子之间的情感纽带也会在这一过程中自然而然地形成。

《塔木德》中有一句教诲说道，“要想教他一辈子，就让他在小时候尽情玩耍”。相比更早的学习，重要的是，要让孩子像玩耍一样享受学习。犹太人认为，在孩子们需要玩耍的时候让他们学习，等于剥夺学习的乐趣。

犹太父母将子女视为独立的个体，与其沟通，陪他们尽情玩耍。踢球、挠痒痒、地上打滚等，陪着孩子们玩各种游戏。尤其是父亲，会尽可能地和家人共处下班后的时间。一起准备晚餐、谈心聊天、睡前给孩子念书，让孩子们感受到自己的体温，这样可以让孩子们在情感上感到安全。如果父亲积极参与孩子的养育过程，孩子的社交技能、创造力等会有更大的提高。

不要等到孩子求你一起玩，试着先要求孩子和你一起玩吧。你会发现，孩子会更有勇气去主动邀请小伙伴一起玩，说出“和我一起玩吧”“想玩瞎子摸人的，都过来吧”。孩子会哼着歌，带领其他孩子玩游戏。孩子的领导能力始于游戏。当父母太疲惫没力气陪孩子玩的时候，就要跟孩子解释一下，让孩子理解。孩子如果感觉到父母只是找借口，他们就会觉得自己遭到了拒绝。当这种情况重复出现时，面对其他人，孩子也很难再鼓起勇气去接近，所以父母要充分注意这些细节。

玩，是人的本能。人类文明之所以能够发达，也是因为人不断地保有兴趣存在。玩这个行为，如同人感到口渴时去找水一样。当孩子们感到口渴时，就要用足够的水湿润他们的喉咙，为他们解渴。

对于孩子们而言，玩是成长过程中必需的，而不是可有可无的选项。通过游戏，孩子可以事先体验到“缩小版社会”，锻炼自己的创造力和想象力、注意力。同时，也能提高问题解决能力、沟通与协作等各种能力。我们需要认真思考一下，非常重视子女教育的犹太人为何在孩子的“玩耍”上投入如此巨大的精力。

犹太父母从长远的角度去培养子女。而我们，是时候把自由还给孩子们了。我们的孩子、我们社会的未来，都将取决于此。

和孩子一起实践吧！

1. 试着将日常生活中用到的锅、勺、纸盒等用品当玩具来玩。
2. 不要玩有“学习意图”的游戏。
3. 主动邀请孩子一起玩，认真陪孩子玩。

害怕提问的孩子

过去的领导是会说的领导，未来的领导则是会提问的领导。
提问如思想之根，尽情提问吧。

2010年11月，首尔举办的G20活动终于迎来了闭幕式。美国前总统巴拉克·奥巴马，在演讲结束后给记者一个提问机会。他说道：“这个提问的机会我想给韩国的记者。韩国作为东道主，成功举办了本次的活动。请问有没有什么问题呢？”新闻发布会现场顿时鸦雀无声。奥巴马再次说道：“用韩语提问的话，恐怕需要翻译。不，一定会需要翻译的。”

然而谁也没有举手，这个例子如实反映了很多人不提问或不会提问的一面，也一遍又一遍地被提起。

事实上，我们带着数不清的问题来到了这个世界。我们曾经都有一个阶段爱问一万个为什么。孩子们总能大胆提出异想天开的问题。首尔大学国语教育研究所曾经发表过一份数据，小学期间，每周提问次数达到4次以上的人数达到55%左右；经过初中，升入高中后，这个比例已经降到30%以下。学到了更多的大人们反倒害怕提问，提问时总爱加上一句："不知道这样提问对不对……"

就不会提问的原因，韩国西江大学哲学专业名誉教授崔振锡这样解释道：

"我们之所以对提问如此谨慎是因为，我们从来没有主动制定或创造过某种标准，我们已经习惯于将外部的标准拿来当成自己的标准来活着。成为自己人生的主人，意味着并不是按照外界的标准来过活，而是成为标准的制定者。人类历史上所有创造都始于异想天开的提问。"

我们总是按照别人的标准来生活，因此，就连极为私人的好奇心都要被判断是否正确。我出于自己的标准提问，是为了满足自己的好奇心时，才会存在各种各样的答案。在找到这个答案的过程中，创造力才会如泉水般涌出。

培养提问的习惯

犹太人很爱问为什么，有时候他们会固执到让人觉得不够礼貌。对于现有的权威或知识，他们也敢于提出质疑。对他们而言，没有什么答案是理所当然的。

犹太人懂得"提问的力量"，因此从小就会营造出一种氛围让孩子们提问。孩子们放学回家，犹太父母会问道："今天你都跟老师问了什么问题？"我们很多时候习惯听父母讲"好好听老师话""今天老师都教了你什么"，我们习惯于被动地听讲。但创造力通常来自摆脱固定观念。而犹太人则是

通过提问，摆脱了固定观念。

带着疑问批判性思考，才能催生出新的创意。牛顿看到掉下来的苹果，提问“为什么”。当所有人都觉得想当然，他却觉得奇怪，因此得到了万有引力的答案。科学史的重大一笔，始于提问。犹太人重视提问，他们认为育人者的态度很重要。《塔木德》中就教师的态度说道：“教师不应该自己知道，自己讲述。如果让孩子一味地听讲，这不是教孩子，只能说是养鹦鹉。教师讲完，学生应该就此提问。”孩子不敢提问，就没办法学好，自然也就不能实现创新和创造性思维。

犹太人父母会不断地问孩子“为什么”，引导他们去思考。孩子提出再稀奇古怪、荒唐的问题，犹太父母也会认真倾听，并且认真回应。唯有如此，才能帮助孩子养成良好的习惯，不至于失去自信。还有一点，犹太父母不会直接给出答案。他们会用“你怎么想？”反问孩子，引导孩子独立思考。孩子对于自己的提问寻找答案的同时，也会锻炼主动思考的能力。

好的提问，等于按下了思考的按钮，会让你想到未曾想到过的事情。爱因斯坦说过：“提问比正确答案重要。如果哪天我遇到危急关头，可以救出性命的唯一办法是在一个小时之内找到答案的话，我愿意花其中的55分钟去提问。只要找到正确问题，那么，找到正确答案甚至都不需要5分钟。”马克·扎克伯格也爱提问。“这个创意会使我们成长吗？”他的员工们在工作中，总是不忘思考这个问题。提问会帮助孩子按下思考的开关，再继续引导孩子主动找到答案。

未来学家尤瓦尔·赫拉利说，“提问是所有想法之根”。无论是在分析大量资料后写一本书，还是在大学讲课时，他都会自问，“学生们能够理解这些吗？”他会自问，并且会一直把答案简化到十几岁青少年也能听懂的程度。要知道真正懂的人才会解释得简明而清晰。“我所讲的内容，如果学生们没能好好理解的话，我会反省自己应该再进一步，认真思考这个主题。”“提问是所有想法的根源”。犹太谚语中有这样一句，“好的问题才能得到好的答案”。好的问题，往往能扩展大家的思维，甚至能扩展到被提问者都未曾想到的部分。

如何学会提问1：提问也需要训练

提问也需要不断地训练。就像弹钢琴时练习看乐谱、锻炼肌肉一样，提问也需要多训练才能会提问。

如何学会提问2：先认真倾听

要提出对的问题，就得先认真倾听。脱口秀主持人奥普拉·温弗瑞的节目长达一小时，而她说的时间也就十几分钟。她会花80%的时间去倾听，而说只占用20%的时间。

如何学会提问3：懂多少才能提多少问题

要提出对的问题，就得多掌握知识。广泛的阅读、深度理解对方、与其产生共鸣等都是必需的。懂得多，才能多提出问题。我们看到一个人提出的问题，就可以了解到提问者知道多少。

犹太人会通过问答式教育培养孩子倾听、讲述等能力。在这一过程中，犹太儿童能够养成准确掌握主题的本质与核心的能力，并且就该主题进行逻辑思考，将自己的想法或问题有意识地进行汇总和整理。通过训练，整个流程会变成习惯，也会变得越来越顺畅，久而久之，他们就能自然地掌握可以明确表达自己想法的方法。孩子们通过提问与对话讨论知识，这些过程日积月累后，就能扩展孩子们的思维，也会培养出他们对事物的洞察力。在提出问题、寻找答案的过程中，孩子的创造力和思考力也会得到提升。

“现代经营学之父”彼得·德鲁克说，“过去的领导要会说，而未来的领导则是擅长提问的领导”。世界顶级科技专业杂志《连线》的创始人兼主编凯文·凯利也曾这样说过：“人工智能电脑会在短时间内找到答案。而人类要做的，则是提问。通过提问能够引出多大的创造价值，这要看人类提问的能力。”

我们的孩子将生活在一个不可预测的时代。确切说是，未来的技术革新速度很快，快得难以与过去的5年、10年相提并论。以后靠大学文凭混一辈子的时代，很快会过去。很多简单的知识，可能只需要用一部智能手机就能解决。未来，人类需要做的更多的是提问。人需要具备“提问能力”，而这是只有人类才具备的能力。所以要孩子培养通过提问独立思考的能力。

被动地去听、去接受、去模仿，不再具备绝对竞争力了。创意性，是这个时代很热门的话题。出于个人的好奇心而提的问题，才会引发出创意性。通过接二连三的提问过程，人才能培养出深度的思考能力和洞察力。犹太人在各个领域崭露头角，和他们坚持问答式教育是分不开的。

我们要改变僵化的氛围，先从家庭开始，要自由地提出问题、进行交流。在家庭中，父母要营造可以提出任何问题的氛围。让孩子成为无论何时何地、对任何人都能提问的孩子。抱着好奇心提问的孩子，也会学得更好。要有自己的想法，才能获得富有创意的想法。思考，往往始于问号，止于感叹号。现在就开始问孩子吧。

“你怎么想？”

“为什么这么想？”

给孩子的想法，加上一个问号。提问是思考之根。

和孩子一起实践吧！

1. 经常问孩子在学校提了什么问题。
2. 不管孩子提了什么问题，都要认真倾听，并问孩子“你是怎么想的”。
3. 教孩子如何在自问自答的过程中进行思考。

发现孩子天赋，助力孩子成才

犹太父母认为每个孩子都有与生俱来的天赋，
父母有责任发现孩子的天赋，并培养孩子。

“妈妈希望你长大后能成为一名医生。”

“我的女儿应该像爸爸一样成为一名法官。”

这种话在我们的周围经常听到。给孩子的未来描绘蓝图的父母，往往会通过各种方法去控制孩子。他们会给孩子提出自己所期待的未来愿景，为了让孩子实现而不惜提供各种支援。孩子们如果跟不上父母的步伐，父母就会适当地利用胡萝卜加大棒的手段拉着孩子向前走。他们可以为了孩子，做出任何牺牲。孩子也知道这一点，因此，也很难辜负父母的期待。问题是父母所期待的职业，会和子女本身的能力有冲突或不一致。这种问题往往过了很长一段时间后才会爆发出来，很难正确矫正。很多孩子不知道自己喜欢什么、想做什么、想成为什么样的人，就已经长大成人。

到了30岁还不知道自己想要什么的人，其实很多。这都是因为他们小时候没有体验过自己规划人生蓝图。作家迪克·波尔斯曾和《高效能人士的七个习惯》作者史蒂芬·柯维携手创建过职业指南，他这样说道："大部分的人在寻找理想职业时遇到失败，这并非因为对职业的信心不足，而是因为对自己不够了解。理想职业并不是靠发现，而是要创造。依赖社会观念或传统调查方法，并不能找到自己所要的答案。要想创造一份理想职业，首先就得明确了解自己。"最为关键的一项，就是要清楚了解自己。

犹太父母相信每个孩子都有与生俱来的天赋和才能。他们认为，身为父母有责任去发现和培养孩子的天赋。对于犹太人而言，子女教育是父母的第一项义务与责任。

犹太父母背负着使命要将子女培养成"世界的工人"，让他们为创造更美好的世界献出一份力量。因此，会付出大量的精力和努力去找出孩子喜欢什么、擅长什么。他们会和孩子共度很多时光，进行交流与对话，也给孩子们更多机会去体验。

马克·扎克伯格是人类史上花了最短时间成为亿万富翁的人之一，他的背后依然有发现他的天赋并一直提供支援的伯乐父母。扎克伯格出生于纽约一个富有家庭。他的父亲是一名牙科医生，也是一名电脑爱好者。他在扎克伯格9岁时，亲自教他计算机编程，扎克伯格学得飞快，他还为父亲创建了办公用信使软件。当时，一楼是父亲的诊室，二楼是他们的家。通过扎克伯格开发的软件和家里的电脑网络，可以自由地联系和聊天。父亲看到了他的才能，就找来程序员给他做一对一的课外辅导。

扎克伯格的父亲曾经在纽约接受电台采访时说："我们并没有特意往哪个方向去引导儿子的人生。我们认为，身为父母应该做的是发现孩子擅长什么、喜欢什么，并给予帮助。请支持你家孩子喜欢的事情。”考进哈佛后又选择退学时，作为父母会是什么样的心情呢？世上的父母们应该都能理解。但是扎克伯格的父亲却依然尊重儿子的意见，给了儿子很大的鼓励。

让他们自己找到喜欢的

在一个领域获得成就的人都有一个共同点，那就是发自内心地喜欢自己所做的。喜欢的事情，越做越会产生更多能量。废寝忘食，也不会觉得有多辛苦，会全身心地投入进去。父母要帮孩子找到这样的“理想职业”，这对于孩子而言，无疑是世上最值钱的礼物。孩子要找到喜欢的，要靠自己的双手去开辟出自己的人生之路。

犹太父母对孩子未来的职业从来都不会表达出自己的期待或希望。他们认为，孩子做自己喜欢的、擅长的事情才是最重要的。他们会教孩子，对自己想做的事，尽最大努力去做好，不要让自己后悔。父母尊重孩子的喜好并给予支持时，孩子也会对之负有责任感，并努力做好。

谷歌的创始人拉里·佩奇小时候的梦想是成为一名发明家。他的父亲是密歇根州立大学计算机科学教授。他带着年幼的儿子，去各地参加会议和博览会。有一次，他想带儿子参加机器人科学会议，但会议主办方不同意带家属。拉里后来回想这件事情时说道：“父亲平时不是那种性格，但是那一次，他发火了。他是一心想让我参加那个会议。多亏父亲的坚持，我有机会参加了那次会议。”拉里的父亲还积极给儿子创造机会，让他和对他的未来有帮助的各界知名人士见面。后来拉里说，因为小时候经历很多，才能为自己设想更多的可能性。

将子女视为平等独立的个体，尊重子女的意愿，帮助他们做好他们想做的事情，相信子女，并耐心等待子女成长——这就是犹太父母的教育哲学。

工作并不只是挣钱手段，人需要通过工作获得成就感，并获得进步。如果你希望孩子通过工作过上幸福的人生，那么一定要帮孩子自己去计划未来。即使孩子的梦想在你看来有些令人担心或失望，但也一定要保持好心态，继续相信孩子并支持到最后。如果你的孩子没有梦想，那么不要急于质问他们为什么没有，而是先反省一下自己，有没有给他提供一个环境让他尽情放飞梦想。身为父母，我们都要成为孩子的热情啦啦队，支持他们尽情展开梦想的翅膀。

“真正得到满足的唯一一条路径是，做你认为很伟大的工作。做伟大工作的唯一一条路径是，你要做一份自己喜欢的事。就像寻找所爱的人，寻找自己喜欢的工作吧。”

——史蒂夫·乔布斯

和孩子一起实践吧！

1. 仔细观察孩子的天赋是什么。
2. 尽可能地多让孩子看看外面的世界，让他们多一份体验。
3. 坚持相信孩子的梦想，并给予支持。

全家人聚在一起吃饭的场合，
不只是为了吃一顿饭，
它更是滋养灵魂的宝贵时刻。

03

人工智能时代的必备能力

– 犹太人的品格教育 –

犹太父母会把孩子培养成懂得关心和帮助他人、亲切待人、为他人的成就感到高兴的人，也会教育孩子，对他人行善，会利于整个社区和世界，最终也会让自己受益。

事实上，在企业招聘中，一个人的人品是一个重要的考核标准，在不久的将来，比起人的硬件技能，社会会更加关注协作能力、同理心和礼仪等人格因素。学会分辨是非对错、能与他人产生共鸣的人格魅力是人类区别于其他物种的重要品质。

培养好品格，应对未来的不确定

单靠自己成功的时代已成为过去。如今这个时代，互相合作很重要。
品格也是未来人才的一种重要能力。

一向重视子女教育的犹太父母会希望子女如何成长呢？他们对未来的子女有一个首选的理想型，就是品格好的人。《学习的犹太人》的作者希尔·马戈林这样解释：

“品格好的人是指，在与他人的关系中总是很正直诚实，深受周围人信赖和尊重的人。他们在帮助别人的同时也会感受到快乐，也会反省自己。遇到困难，也会选择做正确的事情，诚实地过活。他们还会主动贡献出自己拥有的知识和时间、钱财，做出有利于他人的行动。”

我们很难用一句话来定义品格好的人，不过它泛指具有好的人品、行善事、对社会产生良好影响的人。提到真正的品格好的人，希尔·马戈林列举了自己儿子所在公司的社长——艾尔伯特。艾尔伯特在犹太教会负责厨房事务，他自己经营着餐饮生意。他从不对员工们发火，始终尊重员工，为员工着想。遇到生活窘迫的人来就餐，他总是很亲切地为他们免费提供食物。我们可以将这类人，称为具有好人品、好品格的人。

品格是和他人一起共处的能力

犹太父母在孩子很小的时候就会注重培养人品、人格。他们会强调，要对他人亲切、关心他人、善解人意、与他人协作、为他人着想、谦虚、值得信赖，要受到他人的完全信赖和认可。犹太父母自身也很向往成为品格好的人。在犹太人中听到的最糟糕的评价就是："那个人人品不好！"

重视集体主义精神的犹太人认为，人品、人格是和他人共同生活所需要的能力。父母会不断地探索如何让孩子培养良好的人品。纽约耶希瓦大学教授拉比多宁提出，一个犹太人应该具备如下12种品质：

1. 礼貌
2. 诚实
3. 正直
4. 真诚
5. 冷静
6. 谨言慎行

7. 勇敢

8. 亲切

9. 耐心

10. 自律

11. 谦虚

12. 负责任

社会呈现多元化发展，要在这样的环境中生活，人品、人格就显得尤为重要。然而，现在是一个集结集体智慧的时代。改变世界的创意，并不是来自某一个天才，而是由具备各种专业知识的不同人合作创造的。谷歌、微软等企业的创始人一开始都是组成一个团队来工作的。因此，与他人相处的能力、人品/人格就成为了人才的必备能力。未来，成为“合作工作（学习）的人”，会直接创造价值。随着人工智能深入渗透到各个领域，人的人品/人格的重要性也变得越来越重要。人品/人格并非与生俱来的，它需要长时间打磨和修炼，所以它才是一个人独有的一种能力和实力。品格教育已经不是一种选项，而是必须要进行的教育之一。

在犹太父母看来，行善的重要程度可以与人品/人格媲美。犹太人认为将世界打造得更美好是他们的义务，并努力去实践。没有付诸行动的信仰并不能算是真正的信仰。因此，犹太父母会以身作则教子女行善、待人亲切和善，培养孩子成为品格好的人。

拉比希尔·马戈林和他的妻子，总是随身带有现金，随时准备帮助有需要的人。他的女儿莉莉在社区做义工，会定期献血，还为因没钱上不了学的孩子专门开设了中学课程。他们的儿子也不计较个人的得失，投入自己的时间和精力去帮助周围的人。他们一致表示，之所以做这些，就是因为他们认为这样做是对的。希尔为自己培养出两个好品格的孩子感到自豪。在生活中关注他人，并领悟到其重要性和价值——这就是犹太教育。

犹太父母会一遍又一遍、不厌其烦地给孩子讲，“你的一个小小善意，有可能会让对方重获新生”。因此，犹太儿童会在心里铭记一点，即“我能做什么事、说什么话以改变他人的生活”。

还有一点值得一提，犹太父母还不忘告诉孩子，做好事的时候，要站在对方立场去考虑，不能让对方感到羞辱或尴尬，这些足以令人感受到他们对他人关心的细致入微和温柔体贴。

亲切与幸福的相互关系

犹太人相信，行善能帮助一个人成长为有智慧的人。行善能利他，最终也可利己。那些能助人为乐的人便是幸福的人，在帮助他人时能感觉到一种助人的快感。牛津大学的一个研究小组就“亲切与幸福的相互关系”做过一次调查，结果表明，多行善事的确能够让人感到幸福。负责这项研究项目的奥利弗·斯科特·寇里博士这样说道：“人是一种社会性动物，因此，在帮助家人、朋友、同事和邻居甚至是陌生人时能够让我们感觉到幸福。这项研究还证明了一点，人们可以通过帮助他人而获得成就感。亲切待人，同时也能和人保持良好的关系。”

大学教授斯蒂芬妮·布朗博士在5年时间里以432对长寿夫妻为对象进

行调查时发现，其中72%的女性和75%的男性都在日常生活中不时地进行各种志愿者服务。他获得了“为他人付出和奉献的人，比不付出的人长寿的概率会高出两倍”的结论。

犹太人从小就通过人品、人格教育，培养子女和他人共同生活的能力，而且强调为创造更美好的世界而多多行善。通过这些教育培养出的孩子，会相互关心和帮助，因此塑造出比其他民族更坚固更强大的犹太社区。犹太人教导孩子一个真理，即对他人行善，最终会有利于社区乃至整个世界，从而也会有利于自己。

当前，这是一个要与他人共同生活的世界。亲爱的各位家长，教你的孩子帮助和关心他人、亲切待人吧。这是让孩子真正得到人心、获得财富和成功的基础。环顾四周，可以看到很多人需要帮助。可以从简单的训练开始，从帮助身边的人做起，为更美好的世界贡献出一份力量，这样的教诲会成为孩子生命中重要的里程碑。

最优秀的园丁，会在树还很稚嫩时就把树枝修剪成他们想要的形状。他们会给树枝绑上夹板，用绳子绑紧，好让树枝居中生长；会根据需求适当供应水和肥料，每一天都会精心照料。孩子们的人品、人格教育也是一样的，从小就要在家里进行。品格教育，始于在家里和父母进行的日常对话。最好的品格教育是父母的以身作则。

我们可以问问自己，是否真的每天在对自己进行品格教育。和孩子一起，聊聊自己家追求的品格教育是什么。在决定考上名牌大学、入职优秀企业之前，先问问孩子想要成为什么样的人才是第一步。

和孩子一起实践吧！

1. 问问孩子他想成为什么样的人。

2. 通过当义工、做志愿者服务，让孩子懂得行善的快乐。

3. 和孩子一起谈谈品格教育所追求的价值是什么，一起来实践。

麦克阿瑟将军《给孩子的祈祷文》

愿我的孩子成为这样的人：
心地纯洁、抱有崇高理想的人。
在管理别人之前，先懂得自律的人。
会笑，但也不会忘记如何哭泣的人。
向未来前进，但也绝不忘记过去的人。

除此之外，请给他一点幽默感。
让他认真的同时，
不要过分严肃。

请教他谦虚。
让他始终记得，
真正的伟大是简单朴素的，
真正的智慧是开放包容的，
真正的力量是慷慨大方的。

当他成为这样的人时，
我才敢轻声对他说，
我的人生没有白活。

兄弟姐妹之间
不作比较

作比较会让人焦虑不安。
不要把孩子当成比较的工具。

谁都知道作比较是不好的，我们都经历过攀比后受伤，然而还是会不由自主地拿自家孩子和邻居家孩子作比较。作比较会伤害到孩子的自尊心。作比较时，孩子的注意力会从自己的内心转向外界，会更加关注自身的不足，而不是优势。总会去介意别人的长处或能力，反而没有精力做好自己的事。孩子会不断地和别人作比较，会很在意他人对自己的评价。通过比较去评价自己的价值，这本身就是“一场必输的战争”。在任何方面都比别人优秀是不可能的。犹太父母会明确告诉孩子，“每个人都有自己的价值”。

另外，比较会让孩子丢失“自我价值”。“自我价值”不会被他人所替代，它是有尊严的，有生命力的，它是唯一的存在，可以主导自己生命。不和别人作比较，忠于自己时，方能认识到自己的价值。每个人都有适合自己的容器和分量，我们要做的就是把自己那个容器装满。关注自己，不断地问自己是不是过着想要的生活，不断地问自己想成为什么样的人，想得到什么样的成就，这才是经营自己的人生。一味地拿别人的容器作比较，就会失去自己容器独有的价值，也没办法全身心地投入到自己的人生中去。如果你的时间和精力都花在与他人作比较上，那么终究过不上自己想要的生活。

比较会生出嫉妒和自卑。父母总爱比较的话，孩子就会认为所有人都是自己的比较对象，就连朋友也是自己要打败的对象。嫉妒那些看上去比自己优秀的人，孩子抱着这种心态，只能是孤独的。一场必输的战斗，导致的只能是自卑，甚至是无奈。如果能认识到自己的与众不同，那么也不会轻易与他人比较。

> “越被比较，越不快乐。如果你希望自己的孩子不快乐，那么就经常拿周围优秀的孩子、有很多优点的兄弟姐妹作比较吧。”
>
> ——丹·格林堡，童话作家

比较会在孩子的心里种下不快乐的种子

我们在生活中总是不自觉地和别人作比较。比较可以说是人的本能。如果我们不保持警惕，不把视线转向自己，很容易掉进比较的陷阱里。打开电视，就能看到各种名人，也能看到无数的人才。看到他们的时候，当时想“他们是这样的”即可，之后还是要把关注点放在自己身上。父母的关注点应该放在自我价值上，要把注意力集中在自家孩子的优点上。这样才能在这个变化万千的世界守护“自己”。与人比较或许能产生暂时的激励效果，然而这种短期效果具有太多不确定性，从长远来看，失去的多过于获得的。拿自己孩子和别人家孩子作比较，就等于在自己孩子的心中种下“不快乐的种子”。

犹太谚语说道，“比较兄弟俩的大脑，你会杀死两个人；但是如果重视个性，就能拯救两个人”。犹太父母有一个原则，从不拿兄弟姐妹作比较。他们把子女视为独立的个体，兄弟姐妹都是各自不同的个体。当一个孩子去朋友家玩时，绝对不会让其他兄弟姐妹一起去。这个做法十分出名。他们认为每个孩子想做的事情都不同，不能为了图便利就把所有孩子送到一个地方。他们认可每个孩子的不同个性，也尊重这种差异性。

由于父母从不作比较，把他们视为不同的主体，因此，犹太家庭的兄弟姐妹之间的情谊十分深厚。亨利·基辛格是第一位成为美国国务卿的犹太人，他的弟弟沃特·基辛格不仅不会对自己的名人哥哥抱有嫉妒或自卑心理，反而还说“你们这些媒体不要整天追着我哥哥，还不如刊登我的成功故事呢”。我们可以看到当时当艾伦电气设备公司社长的弟弟对自己很自信的一面。他深知自己和哥哥的优点不同，他和哥哥之间是友好的竞争关系。

“小时候我和哥哥是对手，但不是对立关系。我们互相喜欢的事情不同，性格也不同。”我们可以推断，基辛格兄弟的父母不拿兄弟俩作比较，尊重他们是两个不同的个体。

犹太父母更注重发现孩子的性格、爱好、才能、个性，也不会随意拿学习分数这种特定标准来评价孩子。每个孩子的个性都是有价值的，他们会教孩子尽力去发现自己的才能。

与昨天的自己作比较

父母的职责是引导孩子停止和他人比较，把关注点放在自己的人生上。在激励孩子时，父母该说的是要赢过“昨日的自己”。加拿大心理学家乔丹·彼得森在《生活的12条规则》中这样说道：“如果我比昨日的自己更好，哪怕有一点进步，都是成功。不用去关注他人。用自己的标准判断自己就好。今天做何种选择才能变成更好的自己，这个答案只有我们自己知道。再说一遍，不要和别人作比较，和昨日的自己比较。”

懂得只和“昨日的自己”比较的孩子，会专注于自我提升。不管他人做什么、做得如何，专注于走自己的路。集中注意力做好自己该做的事，成功自然就会随之而来。漫画家李贤世总会对学生们说这样一段话：“遇到天才，最好尽快把他们送回他们家，这样我们就不会让自己受伤。天才，他们的存在就是一种祝福，足以令人感激。这些天才给我们带来很多快乐和贡献，也给我们指出我们自己该走的路。想想我居然能够和这样的天才共同生活在一个时代，就已经很开心了，像我这样的人，只要在睡前再画一张画就足矣。每次日落前都向前迈一步，有朝一日总能见到我想成为的自己。不管那是山顶还是山坡，只要那是我所希望的，就足矣。”

对自己有足够信任的孩子，知道如何发自内心地认可他人的成功或成就，并给予赞美。习惯被比较的孩子，则把他人当作自己的对手，想方设法去贬低对方。他们很难赢得人心，也容易被孤立。犹太人不会把自己与他人作比较。他们看到他人，会想“哦，那个人是这样的”，会接受对方，也会由衷地为对方的成就而高兴。专注于自己的生活，也对自己生活感到满足的孩子，和他人的关系也更和谐。父母能接受、信任和支持自己的孩子，孩子就会带着这种力量，坚持走自己的路。

“我家孩子左看右看都找不到一点擅长的。”有的父母这样说。之所以这么说，就是因为他们拿自己孩子和别人比较，拿着自己的缺点和他人的优点比较。“育儿导师”吴恩英博士（精神科专家）在专栏中批评过，有的父母习惯于把孩子的各个部分分离出来，分别和该领域最优秀的人比较。孩子的学习要和班上第一名比较，孩子的体能要和体能特长生比较。这样比较，孩子自然会产生自卑。因为孩子会觉得学得再好、再努力，总会有比我擅长、比我更优秀的人。

比较来自不尊重，换言之，不把孩子视为一个独立的主体。举个例子，如果一个丈夫老拿妻子和别人比较，妻子会怎样呢?“某个人遇到有能力的妻子，真有福气啊！”“某家的妻子真是越活越年轻啊！”妻子听到这些话，会有何感想呢？自然不会开心。换个角度，妻子老拿自己的老公和别人家老公比较，老公同样也不会高兴。孩子也一样。被比较的一方，所经历的心理痛苦是一样的。对孩子而言，父母的话带来的打击和影响会更大。根据一项研究结果，孩子即使长大成人，依然能清晰地记得小时候父母是如何拿自己和其他兄弟姐妹比较的、怎么区别对待的、怎么伤了自己自尊心的。小时候的伤痛，会一直留在孩子的心里，长大后依然会给他带来痛苦。

父母的核心能力并不是经济和信息能力，而是一颗尊重的心，这是让孩子健康茁壮成长的阳光。父母用错误的标准去拿自家孩子和别人比较，

其实是出于自己内心的不安和自卑。这样的父母要问问自己，到底想把孩子培养成什么样的孩子。是不是想把他培养成让自己放心的孩子，懂得自己的强项和性格，独立走自己的人生路呢？不要把孩子当成可以消除自己内心不安的工具。

孩子会看着父母的行为举止成长，也会从父母的人生中学习。如果你希望自己的孩子集中注意力过好自己的人生，对自己人生满意的话，请父母先把你自己的人生过好。停止比较，你就会发现人生会有变化。审视自己的内心，努力提高自己时，才能获得真正的自由。你把自己的能量花在自我提升上，而不是浪费在观察周围人的评价上，唯有这时，才能够真正摆脱他人的看法，才能获得让自己满意的人生。

不断地把自己孩子和他人作比较时，孩子也会拿你和别人的父母比较。“别的父母是这样的，为什么我爸妈就做不到？”孩子会把指向自己的利剑转向父母。作为父母的我们必须立即停止比较。

和孩子一起实践吧！

1. “看看你哥。”“听说那个×××拿第一了呢。”请不要对孩子说这种话。
2. 当你想与他人比较时，请把注意力放在自己身上。
3. 你要帮助孩子了解自己的价值，过好自己的人生。

真正的人生

如果你觉得此刻很幸福，
你就是在过着成功的人生。
如果你对此感到满足，
你的生活就是很丰饶的。
那个人是不是在我前面？
不要比较，也不用感到自卑。
每个人拥有的时间都是一样的。
但是知道如何享受此刻的人，却不多。
怀着感恩的心情去度过每一天，
心存希望和活力去过好每一天，
用积极和充满爱心的眼神去看待眼前的人和事。
这样才能度过真正的人生。

——《塔木德》

家庭聚餐，滋养心灵

全家人聚在一起吃饭的时间，
并不只是吃一顿饭，而是滋养灵魂的时刻。

美国前总统巴拉克·奥巴马，有一件事是再忙也不会错过的，那就是和家人一起用餐。他之所以如此重视这件事，是受了他母亲的影响。奥巴马的母亲是一个单亲妈妈，她每天都需要工作，很早就得出门，然而不管多忙，都会挤出早上的时间，陪儿子边吃边聊。奥巴马曾经抱怨母亲把食物端到床上，边吃饭边和儿子聊天。但奥巴马却是在这个过程中感受到了母亲对他的爱。成为总统后，奥巴马的一分一秒都很珍贵，然而即便如此，他也做到了每天和家人共同用餐，这不得不令人感叹。

希尔·马戈林，他是一名犹太人，收养了一位韩国籍女儿，并把她送入哈佛大学深造。他说过，直到女儿去上哈佛大学，他也从没有缺席过和女儿共进晚餐。希尔坚信，女儿莉莉在晚餐时间获得的东西要比其他地方学到的重要得多。即使是在莉莉忙着准备高考的阶段，他们也每天都一起共进晚餐。他们在餐桌上最喜欢的是“为什么”游戏。家人轮流就身边发生的事问为什么，进行对话和讨论。

曾经有个人问哈佛大学的犹太学生：犹太人在世界各地崭露头角是为什么？他们的答案中首选的理由便是“有机会和父母进行对话与交流”。而这一类对话与讨论最常发生的场合便是在餐桌上。

餐桌上对话的效果，曾经在全世界多次被证实过。20世纪80年代，美国哈佛大学凯瑟琳·斯诺博士带领的研究小组，曾以家有3岁子女的83个家庭为对象，进行了长达两年的研究，主题是孩子们的语言掌握能力。结论是“餐桌上的教育效果十分惊人”。研究表明，在同样的时间段，儿童通过用餐平均掌握的词汇量达2000个，而通过阅读习得的单词是140个，在和家人用餐期间学到的单词竟然超过了1000个。进入小学之后，家庭聚餐次数越多的孩子，学习成绩越高。

还有一项研究结果表明，和家人一同用餐，家庭成员之间的感情纽带会更加坚固，而且幸福感会更强。哥伦比亚大学药物误用滥用预防中心（CASA）研究发现，和家人用餐的次数多的青少年，与用餐次数少的青少年相比，他们和父母、兄弟姐妹之间的关系会更亲密。明尼苏达大学的研究小组对4000名学生进行过一项研究，发现家庭聚餐的次数与抑郁症、自杀率成反比。哥伦比亚大学药物误用滥用预防中心的研究结果表明，不经常和家人用餐的青少年吸烟比例比经常与家人一起用餐的青少年多出4倍，饮酒和滥用药物的情况也高达后者的两倍。用餐时间是生活中的一个教育场合，它能有效培养孩子的良好品性，教给他们很多生活智慧。

家庭聚餐时间能够滋养孩子的灵魂

几千年来，犹太人严格遵守了餐桌教育原则。即使有时候他们无法上学、无法去教堂，他们也会在家里餐桌前做礼拜。家庭即是教堂，也是学校，父亲充当了主要的角色。犹太人再忙也会尽量和家人共进晚餐，和家人一同聊天和对话。

卢埃尔·L.豪在他的著作《对话的奇迹》(*The Miracle of Dialogue*)中这样说道："人体的血液必须要流淌，爱情必须要对话。血液一旦停滞，人体就会死亡；对话一旦停止，爱情便已死亡。死去的身体无法复活，然而对话却可以修复已死亡的关系，这就是对话的奇迹。"

爱始于懂得和理解对方的心。犹太父母通过美食和愉快的对话与子女建立牢固的感情联结。即使孩子做错了事情，他们也绝对不在餐桌上责骂或管教孩子。因为他们认为，全家人聚在一起用餐，这不仅仅是吃一顿饭那么简单，而是能滋养家人灵魂。

犹太父母会尝试在餐桌上聊更多的话题。在这里我们可以看到犹太人的智慧。饭后，母亲会继续端出甜点和茶，为的就是不让对话中断。在这样的传统下，犹太人的甜点文化十分发达，还出现过世界一流的甜点公司。犹太父母在给孩子提供甜品的同时，也不忘互相称赞和鼓励。遇到了令人疲惫不堪或困惑的事，家人还是能在这个过程中获得宽慰，彼此互相给予力量。对于犹太人而言，家庭是避风港，也是保持生活平衡的地方。在外面受到的压力或伤害，回到家，可以在家人的温暖对话与微笑中消融。

犹太人的餐桌，是可以守护他们身份和体现民族特点的场合。犹太人在餐桌上可以深深体会到“我们”，能够体会到“我”不是孤单一人，孩子可以从中获得克服各种困难的勇气与希望。家人通过遵守餐桌礼仪，培养和实践关心、分享等品性。就餐之时是父母与子女分享智慧的最佳时刻。通过深度对话，不仅可以让孩子获得知识，还能获得生活中所需的智慧。对话是爱的开始，传递爱的力量，它发挥的作用远远比我们所想象的要强大得多。我们每天都要面对育儿、教育、工作、人际关系等各种问题，如同经历一场场战斗，建议你把家庭聚餐时刻变成和平的时刻，如果你不确定该如何做起，可以先确定一周中的某一天为“家庭聚餐日”。

餐桌上的教育该如何实践

1. 一周至少有两次以上的“家庭聚餐日”。
2. 每次都在固定场所固定时间一起用餐。
3. 全家人一起准备食物，一起享用，一起收拾。
4. 用餐时关上电视，不使用智能手机。
5. 边聊边慢慢进食。
6. 彼此分享一天的日常。
7. 提出类似“我该怎么做呢”这种开放式的问题。
8. 不说负面的话，不唠叨，多夸奖，多认同。
9. 不要中间打断孩子的话，倾听到最后。
10. 努力把这一顿饭的时间变成幸福快乐的家庭聚餐时间。

不需要非得准备多么丰盛的晚餐，要是期望太完美，第一步就会很难迈出去。首先做到，每周至少有一天，大家一起坐下来吃饭。平日聚一次，周末再聚一次更好。关上电视、手机等，跟孩子先从日常话题开始聊起。孩子说话时，及时给出反应，不要说消极负面的话。餐桌不是教训人的地方。尤其是孩子说话的时候，不要打断他们，听他们说完是关键。孩子们并不是只吃饱饭就能长大的。当父母理解自己、对自己所说的内容表达共鸣和认可时，孩子会有长足的进步和成长。现在开始行动也不晚，请父母一点一滴来积累与孩子相处的时间吧，就像存钱一样。日后，孩子一定会记得“我们家的用餐时间”是很温馨的。

和孩子一起实践吧！

1. 一周至少定一次家庭聚餐。
2. 用餐时间要宽裕，不可以赶时间。要让用餐时间变成快乐的体验，责怪或唠叨可以用别的时间来做。
3. 要耐心听完孩子说的话。

打造专属于小家庭的“安息日”

从小训练孩子学习反思和回顾自己的人生。
培养孩子反思自己的过去、保护自己的能力。

每到星期五的晚上，以色列就会变得十分安静。从周五晚上到周六晚上，被称为“安息日”，人们需要停止所有活动。犹太家庭会在“安息日”开始前，精心准备晚餐，打扫房子。周五，全家人都会早点回家，洗完澡，换好衣服。这是为了清洁身心，以虔诚的状态迎接“安息日”。日落后，“安息日”便开始了。食物都要提前准备好，家里不能开灯，在日落之前提前点上蜡烛，也需要提前燃火来加热食物。

有关安息日，莫迪凯·卡普兰曾经这样说道：

“画家不可能一直不停地动刷子画画。他也需要时而停下来，才能确认自己画布上的绘画是不是和自己想画的主题相吻合。人生如画。安息日就是让我们停下画笔，思考人生的时间。通过这个时间，我们可以获得新的力量，以新的视角在生命这一画布上画下新的一幅画。”

认识自己，是成功人生的起点

在安息日，犹太人会停下生命的脚步，自由地休息放松，家人聚在一起吃喝玩乐，共度充满爱和喜悦的美好时光。他们会阅读、思考，找回因忙碌的工作而暂时遗忘的自己。我来自何处、要去往何处、我现在到了哪里、想要什么、我现在需要的是什么……这些都是犹太人在安息日思考的主题。

成功人生的起点是认识自己。安息日送给了犹太人一份礼物，让犹太人在自满时找回谦虚，遇到挫折沮丧时找回希望和期待。阿哈德·哈姆说道：“与其说是以色列守护了安息日，不如说是安息日守护了以色列。”

很多惊人的创意大多来自意外场合，而不是整日忙碌的工作状态。古希腊的杰出数学家和物理学家阿基米德在洗澡时大喊“尤里卡”。他看到人踏入浴缸的瞬间所溢出的水，悟出了判断金皇冠是否掺杂着银的方法。康德总是在一个固定时间散步并思考。爱因斯坦则喜欢拉小提琴、喜欢去划船为自己充电。鲍勃·迪伦的名曲《像一块滚石》（*Like a Rolling Stone*）是他宣布放弃作曲、音乐活动，隐居在一个偏僻地方的小房子时创作出来的。这些人是不是早就知道“休息的力量”有多强大呢？

有一天，拉比纳曼望着窗外时看到自己的仆人正在急匆匆地跑向某处。他开窗叫住仆人。

“海姆，今天早上你有没有看到天空啊？”

“没有，大人。没看到。”

“那你在大街上都看到了什么？”

“看到了人、马车和商人。还看到了他们做交易。”

“海姆，50年之后、100年之后，你所看到的大街和市场依然不会改变。但是，你已经不在这里。那么我再问你一句，你这样匆匆跑向何处，会有什么好处呢？你都没有时间看一眼天空。”

——《塔木德》

人是欲望的化身。为了实现欲望，人会不停地向前跑去。一周至少有一天休息并且做个反思，才能避免人生被这些欲望吞噬。就像对车辆要进行定期检查和保养一样，我们也需要定期检查自己。看看自己眼下跑步的速度和方向是否恰当、目的地是否准确……通过确认这些，使自己不断向前进步和成长。一味地向前跑，并不能跑得久远，很容易跑着跑着就会忘记自己曾经是为什么跑、跑向何处。犹太作家玛丽莲·保罗在自己的著作《时光中的绿洲》（*An Oasis in Time*）中这样写道：“放慢速度，慢慢品味时间与空间，这既能带给你活力和元气，更能给你时间去反思，修改自己的路线。”

有关安息日，她还提了几个建议：

1. 摆脱过去一周忙碌的日常。

2. 品味好好工作的价值，而不是忙着一直工作。

3. 为世上的奇迹而赞叹，重新体会神圣的感觉。

4. 与其去刺激无尽的欲望，还不如享受现实的美好。

5. 什么都不做。

6. 不去计较实际用处，尽情享受艺术和创意活动。

7. 享受，祝福，与他人共处。

在一天的24小时、1440分钟中，我们拿来面对“我自己”的时间会有多长呢？每当做完工作，我们会在无意识中拿出手机，会确认各种社交平台，还会去确认与亲朋好友的约会。总之，一天下来，我们几乎没有时间是静止思考的。每天的日程安排得满满当当的，就像遵守信仰一样，我们为了严守这些日程安排而不惜花去本应是睡眠的时间。再看看我们的孩子又是如何呢？他们的学习时长已经超出了可承受范围。他们在忙着过眼前的生活，没有时间去反思自己。忙碌的“忙”，是“亡加心”，也就是说失去心而活着，很容易失去重心。我们要知道看不见的心才是推动我们前进的能量。

我们需要从小训练自己回顾和反思自己人生的能力。父母要帮助孩子去培养照顾自己、了解自己、守护自己的力量。在一周当中设定一个只属于家人的“安息日”，全家人一起度过，时间可以是1小时、2小时、半天到一天，慢慢延长即可。每逢“安息日”，试着把手机放下。如果休息时间还使用手机，这会让自己感到更加疲惫。关掉手机，和家人聊天，或者出去散步。与认真过了一周的家人一起，互相感恩、鼓励、安慰，一起分享美食，一起休息。把为了生活而工作的模式，改成为了幸福而工作的模式。这样你就会发现你的人生和生活将变得更快乐。

和孩子一起实践吧!

1. 设定一个只属于家人的安息日。
2. 全家人一起享用美食、休息，互相感恩、鼓励和赞美。
3. 告诉孩子花时间去反思很重要。

孩子们会通过历史教育去了解自己是谁，
人生的目的是什么，眼下站在什么位置。

04

和任何人都能好好相处的方法

– 犹太人的人际关系教育 –

未来社会，人工智能会越来越普及，社会需要更有深度的专业性，而且专业领域也会变得更加细化。因此，一个人的协作和沟通能力就变得更加重要。第四次工业革命是以超链接为特点的，这个时代需要人们必备协调和组织各种资源、各种个性化人才的能力。

犹太父母重视社交，因此会在孩子小的时候开始教孩子遵守原则、规范和规章制度，并且要有责任感。犹太人尤其重视协作，他们会鼓励孩子积极参加集体活动。教育孩子在交朋友时倾听他人说话，说话要多加注意。通过早期的外语教育，培养孩子理解他国文化，培养与各种人群沟通的能力。良好人际关系和沟通交流能力是每个人在未来竞争中所必须具备的能力，因为这些能力是人工智能或机器人所不能轻易拥有的。

交友要慎重，且深交

遇到一个好人，会有越来越多的好人来亲近你。
因为积极能量是相互影响的。

韩国有句谚语说道，“看朋友，能知道其人品”。换言之，观察与这个人亲近的人，就能判断出这个人是什么样的人。人们在一起相处，就会不知不觉地相互影响，变得越来越相似。我在15年的记者生涯中，我见到过无数人，也有幸在近处观察他们。令人感到神奇的是，好人身边总是有更多好人。爱说别人坏话、消极看待一切的人的身边，总会有与之相呼应的人。这就是所谓的“近朱者赤，近墨者黑”。

与好人结识，这是给自己招来好运的秘诀之一。当你遇到一个好人，就会陆续有更多的好人来找你。积极正面的能量是相互影响的，会有相辅相成的效果。反之，和品行不好的人在一起，不知不觉自己会变坏，陷入恶性循环。你想过好自己的人生，就要与好的人相处。犹太父母也会叮嘱孩子交朋友时需要慎重，因为他们认为引导孩子建立良好的人际关系，也是父母的重大责任。

犹太人所认为的朋友是什么样的呢？是“可以提升自己的人”。《塔木德》建议，找朋友时，“需要上一个台阶去寻找”。这里的“上一个台阶”，并不是指找学霸或有钱人去交朋友，而是指去结识一个可以在任一方面帮助你进步、可以对你产生积极影响的人。好的朋友会对你产生好的影响，他会让身边结识和交往的人们“更上一层楼、变得更好”。

犹太父母会在子女交朋友这方面，发挥积极的作用。他们会邀请孩子的朋友来家里玩，趁此机会好好观察对方，也会去听听那些孩子在学校的评价。一旦认为对方不适合结识，就会很明确地告诉孩子，“希望你不要和他交朋友”。因为他们觉得对方身上没有可学习的优点，反而会受到不良影响。他们也会始终叮嘱孩子，你要交一个身上有可学之处的朋友，才会有助于你自己的发展。倒不是说，通过结交朋友，一定要获利，而是希望自己的孩子通过结交朋友，变得更好。这才是他们的判断标准。

孔子教导世人，交友时需要区分对自己有益和有害的人，好的朋友要亲近，坏的朋友要远离。结识好朋友固然很重要，然而，远离坏的朋友一样十分重要。犹太父母会明确告诉孩子，与其结交给自己带来不良影响的朋友，还不如独处。

自己先成为好人

要想交到好人，首先我们自己要做一个好的人。犹太父母教孩子，自己要先成为有助于朋友的好人。犹太谚语中说道，“待朋友如自己身体的一部分，要珍惜和爱护朋友”。珍惜和关心朋友，引导朋友向更好的方向发展进步，这种关系才是真正的友情。“与其成为莫名其妙的朋友，还不如成为明确的敌人。”——《塔木德》。当然，并没必要成为敌人。这句话是说，建议我们与朋友深交。他们认为，与其广交肤浅的朋友，还不如结交真正的、为数不多的几个朋友。

犹太父母会和孩子强调，要先付出，多行善事，自己身上才会发生更多的好事。只会满足私利私欲、爱耍小聪明的人，或许看上去活得很好，其实，都只是暂时的。从长远来看，多付出才有更好的收获，这才是人生。

《塔木德》说道，“朋友给你蔬菜，你就给他肉”。这意味着不要计较太多，对朋友大方宽容和富有爱心。世事就像是回旋镖，没有付出，不可能有收获。

犹太人教育孩子，付出并非指物质上的，它也可以是温暖的言行举止，重要的是要用慷慨、大方的心去付出。心态有余裕的孩子能够拥抱宇宙，然而，充满欲望的孩子，内心会连一颗小米粒都无法容纳。心胸宽广的人身边，总会聚集更多的好人。无因无果，开花才会结果。

与人对话的“321法则”

犹太父母在交友这个问题上，会向孩子强调“倾听”与“关心”。一是犹太人会告诉孩子，“你花多长时间去说，就要花两倍的时间去倾听你的朋友”。人有一张嘴两只耳朵，这本身就意味着听是说的两倍。二是要多问多了解对方。人际关系最基础的就是对他人的关心。你努力地想多了解对方

时，对方自然也会向你敞开心扉。

戴尔·卡耐基说，“真诚倾听的态度，是我们能给予他人的最高赞美之一”。从心理学角度讲，人遇到能倾听自己的人时，会感觉到自己受人尊重，情绪上也会感到安定。经济杂志《财富》称，成功规则之一是“对话的321法则”：倾听3分钟，给出回应2分钟，说1分钟。一味地自我表达的孩子，很容易被孤立。倾听朋友，关心他人，会成为孩子最大的财富。

在人际关系中，还需要注意一点，即小心说话。犹太人对说话的教育十分彻底。话一旦说出口，就不可能收回，因此，一定要慎重。《塔木德》中有很多有关慎言的故事。“舌头比任何食物都甜，但也比任何东西都可怕。”“鱼被钓总是因为嘴。人也一样，总是因说话被人抓住把柄。”

其中，犹太父母最为强调的是不要说他人的闲话。他们这样比喻：“说人坏话比杀人还危险。杀人只杀了一个人，但说人闲话势必会杀死3个人。说闲话的那个人、不去劝阻而在旁边听人讲闲话的人以及被说闲话的对象。”

除此之外，也有很多犹太谚语是讲诋毁别人的坏处的。“喜欢说人坏话的人犯下的罪比拿着凶器去伤害人还要重。凶器不靠近对方是无法伤及对方的，然而，坏话却能伤及相隔千里的人。”“用水浇正在燃烧的柴火时，水会渗透到里面，达到灭火效果；然而听到坏话后发怒的人，再怎么道歉都不能浇灭他心中的怒火。”“手指可以自由活动是为了不听别人讲八卦和坏话。听到这些，最好赶紧堵上耳朵。”

不过，教育孩子正确表达要慎重，最好的方法还是父母不讲别人的坏话，尤其是多让孩子看到父母经常夸赞他人的优点，孩子就会在不知不觉中学习到。

犹太父母会教导孩子如何交朋友，包括要结交什么样的朋友、要如何维系良好的人际关系。在一个人的成长过程中，与人建立深厚的友谊，可以为自己的人生提供丰厚的养分。索伦·克尔凯郭尔说，“90%的人类幸福来自良好的人际关系”。

家长要引导孩子和好朋友们一起成长，让他们成为一个会先付出的慷慨大方的孩子。对朋友关心，懂得侧耳倾听，引导他们养成说话慎重的习惯，是很重要的。另外，也要告诉孩子，即便是看上去再永恒不变的友谊，也会随着时空的变化而改变。孩子在交友方面遇到困惑，也要让他们明白任何缘分都有时间和寿命。就像歌中所唱，春天再一次来到，花儿开了又谢，谢了又开。

和孩子一起实践吧！

1. 告诉孩子要交一个能带给他好影响的朋友。
2. 告诉孩子“倾听”和“关心”有多重要。
3. 父母不要让孩子看到自己说别人坏话的一面。

两个朋友

有两个关系非常要好的朋友。因为战争的爆发，他们各自生活的国家互为敌国。有一天，其中一个人难忍思念，就去了敌国找朋友，被误认为是间谍，判处死刑，关进监狱。不管他怎么辩解，没人相信他的话。陷入困境的他，向国王恳求道：

“陛下，请您给我一个月的时间，让我回家处理后事。一个月后，一定回来受罚。”国王说道，“我拿什么来相信你？谁来担保你说的是真的？”

“我的朋友会保证的。如果我不回来，他会替我受罚。”

国王叫他的朋友来说明情况后问他是否愿意作保证。让人出乎意料的是他的朋友毫不犹豫地答应了。一个月过后，就在期限的最后一天，太阳快落山了，都不见这个人的踪影。国王下令把他的朋友拉出来，执行死刑。就在刽子手即将要动手的那一刻，远处出现他气喘吁吁跑来的身影。他跑到国王面前，说道：“我已经回来了，请处决我，放了我朋友吧。”

国王被两个人的友情打动了，同时放了他们俩。“你们两人的友情真的很让人感动啊。我也想和你们成为朋友。”从此之后，两个人和国王成为了朋友。

——《塔木德》

犹太父母的管教方法

想培养孩子具有共同生活的意识，
就要从小培养他原则、规范和责任感意识。

犹太人十分重视在社会中与其他人共同生活。俗话说，“十根筷子难折断”，他们重视的是“一起”。他们相信幸福和成功均来自与他人的沟通及相处。他们重视的是每个人的不同角色，小到一个家庭的成员，大到社区和整个社会的一分子，每个人都有不同的角色。因此，他们会从小严格教育孩子遵守原则、规范和有责任感，让他们具备判断是非的能力，以便学会如何在社会中生活，同时也会培养他们的自控能力。他们并不想让孩子成为听话的乖孩子，而是要让孩子学会如何与他人共同相处及生活。

“管教”在词典中的意思为：“让人形成和发展社会所明确要求的行为与习惯，比如社会上的规章制度或学校的纪律规范等。为了让孩子适应集体生活或社会生活，教他们养成各种良好习惯或矫正其不良行为。”

通常意义上，“管教”一词包含“带有教育含义的训”和“带有培养含义的育”两方面意思，即为“教和培养”。有一点需要注意，“管教”并不是教训孩子或对孩子发火，也不是单纯指出孩子的错误或按照大人的想法纠正孩子的想法，而是教孩子如何判断是非对错，选择正确的道路。

犹太父母的交谈习惯

孩子的成长取决于父母的管教方式。父母对孩子过于苛刻时，孩子不仅会看父母脸色，还会情绪低落。表面上虽然不敢反抗，孩子内心却会蕴藏着愤怒。看到父母无法控制自己的情绪而发怒的情形，孩子会想“就是要这样表达感情的”。在一个父母经常发怒的环境下看着父母脸色长大的孩子，他会对一切失去自信。他会担心自己犯错，甚至因为害怕犯错而干脆不去尝试，也会因为人际关系而烦恼。还会对父母采取反抗的态度和行为，甚至会有人格障碍。

犹太父母认为，在抚养孩子的过程中对孩子抱有耐心并去等待是很重要的。他们认为没有耐心的人是没有资格教育孩子的。在以色列你会发现，在家庭、学校和大街上，最常听到的一句话就是“萨布拉努特”。这个词在希伯来语中意指“耐心”。犹太孩子们每天都会听到父母说“萨布拉努特”。甚至对新生的婴儿，犹太父母也会看着孩子说道：“宝宝，给你换尿布哦，萨布拉努特！”无论养育孩子的过程有多辛苦，他们始终都会保持一颗平常心，冷静而理性地管教孩子。

父母管教孩子时不发怒不生气是很重要的。前面我也强调过，管教是指“教育”，而不是发怒或责骂孩子。子女再小，犹太父母都会视其为平等的个体，因此不会表现出愤怒的情绪。如果自己感情失控，那么会暂时离开现场，待恢复冷静后再进行教育。唯有如此，才会避免责难或攻击孩子。“你怎么老是这样！”“我就知道，你还能好到哪儿去！”类似这种带有负面情绪的话，会在孩子的心中留下很深的伤疤，有些终生都很难治愈。受到父母攻击的孩子只会陷入恐惧或产生反抗心理，他们依然不知道自己究竟做错了什么。父母带着情绪管教孩子，是毫无意义的。

父母带有指责的话语会一直留在孩子的心里。因此，对孩子说话时，一定要非常慎重。犹太父母会避免使用“这就是你这个人的问题”“你就这样”等以“你”为主语的表达方式。相反，他们会采用“是妈妈有点难过”等方式来向孩子传达自己的感受。他们管教孩子时，会进行充分的说明，让孩子理解自己错在哪儿了，同时还要听听孩子是如何反省的以及打算以后怎么做。与孩子进行沟通，维系彼此坚实的纽带关系，这就是犹太父母与孩子的交谈过程中最为重视的一点。

父母的管教方式需要原则

不掺杂感情的管教，具有明确的原则和标准，并不轻易改变。犹太父母的管教方式是有明确原则的。孩子采取危险的行动、做了危及他人的事、违反社会规范时，他们会立即管教孩子。至于其他规则，比如看电视的时间等细节，他们会和孩子进行对话，一同去做决定。管教要有一贯性。孩子明明犯了相同的错误，而父母却凭着当时的心情去管教是不可取的。没有一贯性的管教，非但没有效果，反而会带来一系列的副作用。

犹太父母也会偶尔对孩子进行体罚。这是因为他们考虑到如果继续放任孩子的错误行为，将来会遇到更糟的情况。但是他们的体罚也是讲原则的。第一，除了手以外，绝对不采用其他工具。对他们而言，手才是管教孩子的工具。第二，绝对不打孩子的头部。头是“智慧的仓库”。第三，家长不能因感情用事而进行体罚。他们相信只有真正关心和爱护孩子的父母，才有资格进行体罚。

事实上，让犹太孩子比体罚还恐惧的，就是“沉默”。对于最重视交流与沟通的犹太人而言，沉默才是对一个人最大的惩罚。孩子做错事时，犹太父母会多次给出警告，如果孩子仍然屡教不改，他们就会禁止孩子做自己喜欢的事。有时进行了体罚之后，孩子还多次出错时，父母会选择沉默的方式。这段时间，孩子和父母之间的沟通交流就会被中断，孩子也会趁此机会反省自己，并请求父母原谅。

犹太父母在惩罚孩子时会给出明确的态度。相反，一旦决定不惩罚，就会忘掉一切，并去原谅孩子。犹太谚语中有这样一句："不可威胁你的孩子。要么惩罚，要么宽恕，两者必选其一。"这句话的意思是不要让孩子心情沉重。唠叨和威胁一样，都会让孩子心情沉重，因此犹太父母也不会去唠叨。责怪孩子时，严厉地责怪一次就好。不停地去责怪，那是唠叨，孩子也不会去听。父母采取明确的态度，做出正确判断去惩罚时，才能让孩子有一个健康的心理。

犹太谚语中说道，“用右手惩罚了孩子，就用左手拥抱孩子吧”。体罚了孩子以后，一定要表达出对孩子的爱。犹太父母在责骂孩子后，一定会给他们一个拥抱，让孩子们感受到“爸妈对你的爱依然没有改变”。孩子能够忘却挨父母训后伤心难过的心情，平静地上床睡觉。据说，弗洛伊德的母亲在弗洛伊德小时候责骂他以后，总会整夜抱着他，称他为“我的小摩尔”。

父母对待幼小的孩子的方式，会影响孩子的一生。想必，这个世界上，没有哪一种人际关系像父母与子女之间的关系那样需要高超的技术吧。然而，现实中，我们却容易轻视对子女的举止和言谈。对待孩子时，父母要善于控制情绪。不要以“管教”为理由，向孩子表达愤怒。这是管教过程中最重要也是最难做到的一点。

我个人认为，无论孩子犯了什么错误，都不可以进行体罚。每个孩子都有不同的特质，因此，不存在100%正确的管教方式。不过，希望父母们记住这一点。犹太人会将子女视为对等个体，这是他们与子女建立关系的前提。犹太人会基于坚实的感情纽带进行管教。孩子会从中学到如何进入社会与他人共同生活。管教，并非父母的权利，而是一种义务，应该是父母对孩子表达深情的一种方式。必须要有原则性和一贯性。身为父母，要找到最适合家中孩子的管教方式。这件事只有父母才能做到。对孩子而言，父母是世界的缩影，是人生的指南针。让我们给孩子展现一个温暖的世界，让孩子勇敢地走向世界吧。

和孩子一起实践吧！

1. 一定要分清管教和泄愤的区别。
2. 管教要坚持一贯性原则。
3. 无论发生什么事，都要与孩子维系牢固的情感纽带。

孩子犯错时犹太母亲的祈祷

请赐予我智慧来回答孩子的问题，解决孩子的矛盾，引导孩子遵纪守法。

请赐予我足够的自控力来控制自己不发怒，不去打骂践踏孩子的灵魂。

请赐予我耐心、耐心和更多的耐心，让我可以平静忍受微不足道的烦恼、痛苦、错误和不便。

请赐予我同理心，与深知我想法和心情的孩子产生共鸣；在面对痛苦和挫折时，也不忘记第一次得知孩子存在时的喜悦、孩子迈出第一步时感受到的喜悦、第一次将孩子抱在怀里时的喜悦。

请赐予我力量和健康，在我疲倦和痛苦时也能为孩子付出。

请赐予我快乐、微笑和热情，让我可以有足够的信念和积极的力量去面对人生。请赐予我沉默，免得我用尖酸刻薄的话语和嘲笑、指责去毁掉孩子的灵魂。请赐予我宽容的心，好让我接受孩子最本真的样子。

请让我不仅爱孩子，更用时间和理解、去表达爱我内心的孩子。

培养孩子的
身份认同和社会性

要想走得远，就要一起走。要想走得快，就要结伴同行。
这就是犹太人从小强调的集体精神。

犹太人利用推拉并举的团结力创造了巨大的财富。历史上，他们总是团结起来，发展经济，创造财富。虽然困难重重，他们依然利用强大的网络发展了自己的金融和贸易。从中世纪开始，他们还创建和运营着“无利息贷款协会”，帮助要创业或需要商业启动资金的犹太人。无息贷款的回报率基本上都超过了80%左右。而且，很多人成功后会捐出远远超过借款的钱来帮助更多的犹太人。

现如今，我们在商业上可以看到很多犹太人的身影。谷歌的共同创始人拉里·佩奇和谢尔盖·布林，脸书创始人马克·扎克伯格和雪莉·桑德伯格，他们都是犹太人。

以色列之所以以创业国家而著称，是因为他们有散布在全球范围内的犹太人网络。他们不仅给新人提供资金，而且还会分享人脉和知识，直到对方成功。以色列在纳斯达克上市的公司数，高于整个欧洲。在硅谷的犹太人遇到自己人，会不顾一切地对其伸出援助之手。从创业初期所需要的人际关系到营销网络、企业并购和上市，都会为其提供资源和建议。

他们在犹太共同体这一社交圈内，交换信息和机会，创建强大的网络。通过这样的社区，犹太人会花上毕生时间去树立和巩固“我是被选中的人”之身份。犹太人互相支持、团结、帮助，这就是他们的力量之所在。他们获得成功的关键是从小就学会了巩固和强化团结精神。

犹太人的人际网

犹太人很小就会被灌输团结精神。犹太父母会向孩子们强调“一支箭易被折断，但几支箭如果绑在一起就很难折断”。即使是不同种族，拥有不同语言，只要同属于犹太民族，他们就会认为理所应当为其提供物质和精神上的帮助。

一直以来，犹太社区都会有免费住宿设施。犹太教堂，专门有一种招募箱，为的是向贫穷的犹太人提供援助。令人吃惊的是，任何犹太人都可以拿走一周的生活费。犹太教堂还会有人专门负责收集救济金，会在星期五早晨到市场和市民家庭收救济金或救济品。也许正是因为这种互相帮助的文化，他们才能在长期的迫害环境中幸存下来。

犹太儿童在两三岁时就会被送去参加野营活动，为的就是参加社区活动，学会如何与其他人一同生活。犹太儿童都会学习犹太人的历史、传统和希伯来语，学会身为共同体的一员该具备的能力，比如体贴、友善、责任感和领导能力等等。孩子们还会自然地学会如何与各国朋友们一同生活。他们也会对“同为犹太人”的身份属性产生牢固的认识，也会对民族属性产生强烈的“民族感情”。犹太人中有很多创新人才也来自，他们巩固了自己的身份和民族属性，同时也接受了多样化的世界文化。

犹太人的社会性训练

犹太人通过社区生活，学会如何在社会中与他人共同生活。犹太父母尤其重视“合作”。犹太儿童不管去哪里，都会四五个结伴而行。与其单独活动，他们更习惯和一群人一起玩耍。他们的孩子很早就会被送到幼儿托管中心，很自然地掌握社交技能。以色列儿童从婴幼儿时期就和同龄人一同，按照所定规则和日程表来生活，学习遵守规则。犹太教育方式就这样经过小学、中学和高中，一直持续到大学。

犹太人教导我们，社区内的竞争也像合作一样重要。犹太父母从小让孩子习惯于竞争。孩子们通过玩各种游戏，学会遵守既定规则，寻找解决方法，齐心协力取胜，不管胜负都要坚决服从结果。犹太父母会教孩子挫败时如何接受失败，胜利时如何体谅对方。

童年时期如果孩子的社会技能未能得到正常发展，有些孩子到了学校，很容易遭遇同学霸凌。一直到成年以后参加社会生活后，他们也会持续受到影响。而犹太人通过社区里的合作和竞争等经历，掌握社交技能，无论身处什么样的环境都能与人和谐相处。

我们的孩子在未来会面临更加激烈的竞争，要想让他们走得更远，就要引导他们学会协作，小组合作，与人建立良好的人际关系。要让他们体会到团结的力量、民族的自豪，从而在世界舞台上取得更好的成绩。

和孩子一起实践吧！

1. 教孩子在社区生活中该遵守的规范和纪律。

2. 让孩子充分体会到“团结”带来的快乐和力量。

3. 让孩子对自己的身份产生强烈的自豪感。

历史教育，培养民族自豪感

孩子们通过历史教育，
了解到我是谁、人生的目的何在、我在何处。

犹太人并没有忘记他们所经历的痛苦，只是他们选择了原谅。不去原谅，就很难放下过去。“原谅，但不要忘记”，这就是犹太人对待历史苦痛的态度。以色列有一家“大屠杀博物馆”，为的是记住被纳粹所杀掉的犹太人。那里还种着一棵名为奥斯卡·辛德勒的树，以纪念那些帮助过犹太人的人们。不仅是犹太人，来自世界各地的人们到了以色列都会来此拜访，共同缅怀那一段痛苦的历史。

“不被记住的历史，还会重演。”在波兰的奥斯维辛集中营的遗址上还挂着这样一句铭文。犹太人为了不重蹈那段历史覆辙，他们选择将那一段苦痛历史铭记在心。他们数千年来流浪在世界各地，却依然没有丢失民族特性，之所以能够做到这一点，正是源于他们对子孙后代进行的历史教育。

对于犹太人而言，有一个很重要的节日是逾越节。它是为了纪念犹太民族在摩西的带领下，结束在埃及的奴隶生活，回到以色列这片土地。犹太人会吃着当年逃离埃及时吃的“无酵饼”面包和苦野菜，给孩子们讲述他们祖先所经历的苦难。通过这种历史教育，将民族的优良传统和精神代代传承下去。

记住那段刻骨铭心的历史

犹太人认为，不了解历史，就不可能有民族意识和爱国心。所以他们在教育中最为重视的就是历史教育。

犹太学生，都会去一个叫马萨达的地方。它是古代以色列王国的象征，是位于以色列以南、犹太沙漠以东的堡垒。“马萨达”是建在悬崖上的村庄，在公元1世纪，耶路撒冷被罗马军队占领时，犹太人在这里与他们进行了决战。犹太人在马萨达要塞奋战3年，也曾给敌人以重创，但马萨达最终还是被攻占。马萨达全城犹太人集体殉难。

为了记住这种精神，即使是在现代，以色列的军人们离开训练营时，还会专门去一趟要塞大声喊道，“再也不会让马萨达沦陷”。马萨达沦陷后，犹太人分散到世界各地。之后，2000年来，犹太人便在世界各国四处辗转，开始了散居流浪之旅。

安妮·弗兰克当时居住的荷兰处于纳粹统治下，她在《安妮日记》中写道：“犹太人胸前必须佩戴一颗用布做的黄色星星，还要把自家的自行车交给政府。犹太人不可乘坐电车或汽车。从15：00到16：00期间，每天只有一个小时可以购物，并且只能去标有犹太人商店字样的地方。20：00以后，必须待在家里不可外出。”

出生在德国的安妮，4岁时，希特勒政权开始迫害犹太人，他们家便移居到荷兰阿姆斯特丹。1941年德国军队占领荷兰时，她就躲在阁楼开始写日记。直到1944年8月，在纳粹发现她之前，她已经坚持写了25个月的日记。之后，16岁的安妮死在集中营，当时离德军战败还差两个月。

为什么要了解历史

对于犹太人而言，历史是一本活的教科书。犹太父母会向他们的孩子强调，这段事实绝对不可以忘记，并且要确保这种事情以后不再发生。犹太父母会尽可能不让孩子看电视，不过也有一个例外，电视里放映详细描述犹太人历史的纪录片时，并且他们一定会让孩子们观看讲述二战期间纳粹实施大屠杀事件的纪录片。通过这种过程，让孩子思考现在要做什么、以及如何为未来作准备。孩子们身为犹太人的一员，必须要认识自己的身份，为生活建立目标。犹太人的爱国主义精神，就是通过这种历史教育自然地培养起来的。

虽然只有900万的犹太人生活在以色列本土。但是，散居在世界各地的犹太人身上的民族精神，是超乎想象的。他们会尽可能动员所有资源帮助自己的民族同胞。有钱的出钱，有力的出力，这就是犹太人的力量。犹太父母教育孩子要有作为犹太人的自豪感和使命感。

犹太人有着强烈的民族认同感，不管是听到哪个犹太人做出了丰功伟绩，都会替他感到自豪。犹太父母会告诉孩子在各种领域做出伟大成绩的犹太人的故事，让他们从小为自己是犹太人而感到自豪。在新闻或故事中出现杰出的犹太人事迹时，家长一定会告诉自己孩子这个人是犹太人。孩子们听到这些就会对该人物更感兴趣，也会以身为犹太人而感到自豪。

我有时候会经常听到孩子们说“不知道为什么要学习，我没有什么梦想”。要找到梦想或学习的目的，首先得清楚自己的身份定位。唯有知道这一点，才能明白我是谁、我的人生目标是什么以及我在何处。每当身份认同不确定时，人就会迷失人生方向。我们要对孩子进行根基教育，要告诉他们是从哪里来、该做什么。孩子唯有清楚地了解自己时，才能找到自己该做的事。

我们绝对不能忘记过去的苦痛历史，也要将其教给我们的下一代。只是，盲目地仇恨与愤怒是毫无意义的，是无法走向未来的。让我们带着孩子一同深思犹太人的教导：“原谅，但永远不要忘记。”

和孩子一起实践吧！

1. 参观历史事件发生地。

2. 说说为国争光的历史人物。

3. 介绍国人的优秀品质，让孩子为身处自己的国家而感到自豪。

为什么仍需要学习多门外语

给孩子创造一个可接触多门外语的环境，
外语是体验不同文化的窗口。

近年来，随着人工智能技术的快速发展，人们会提出这样一个问题：“人工智能时代，我们还有必要学外语吗？”实际上，科技的发展，让口译、笔译有了日新月异的变化。很多软件不仅可以翻译图书等文件类资料，也可以识别声音并以对方的语言输出。虽然准确度尚待提高，但这只是时间的问题。基于这一点，很多人认为孩子就没必要花精力去学习外语。作为世界官方语言的英语之地位，大概也将变得无甚意义。那么是否真的没必要学习包括英语在内的多门外语呢？某位互联网巨头总裁给出了这样一个答案：

“语言是一种文化。人们通过学习一门语言，开始了解该国文化。当我们认可一种文化并给予足够尊重时，对方也会认可和尊重我们。

> 唯有如此，我们才能共同做事。我小时候并没有出国留学，但是我认为我比海外留学的人还要了解西方文化。我是通过语言学到了文化。”

无论人工智能翻译软件发展到什么程度，让孩子们掌握外语能力依然是一种优势。比如在电影院看英文电影时，看字幕可以理解内容，但是这与懂英语的人看电影的乐趣是无法比拟的。

语言是我们了解其他国家文化的桥梁。人是有感情的动物，无论人工智能发展到什么程度，人们还是会对能用母语与他们交谈的人产生兴趣和好感。众所周知，外国人哪怕只说出一句我们的语言，都能让我们迅速对他们产生好感。1963年，美国总统约翰·肯尼迪也是用德语发表了他一生非常精彩的演讲。

> “2000年前，最让人自豪的一句是‘我是罗马公民’。而如今，在这个自由世界，最值得骄傲自豪的就是‘我是一个柏林人’。”

用德语来做的这段演讲，比任何话语都更能在德国人的心中种下对自由的渴望。如果当时使用了翻译机，能给人带来这么大的触动吗？模拟灵敏度在数字时代将得到越来越多的关注，而掌握一门外语也将成为自己的独门武器。

外语教育，越早越好

2000多年来，犹太人曾一直居无定所，面临着随时可能被赶走的风险，所以他们总是和孩子一起看地图，寻找更好的地方。在全球化时代来到之前，他们就以世界为舞台经营自己的人生。

他们必须具备适应其他国家的能力，因此，他们从小就学外语。在他国建立家园的最大障碍是语言。学习语言的速度和语言的掌握程度成了判断他们成功与否的关键因素。语言是交流的工具，语言形态意味着一个国家会有什么样的文化、历史、价值观和生活方式。对犹太人来说，会不会使用外语是与其能否生存直接挂钩的。因此，相比其他人，犹太人的语言能力会比较强。大多数犹太人以两三种语言为母语，受过大学教育的犹太人至少会说三四种语言。

外语教育，是唯一让犹太人会彻底进行的早期教育。他们十分重视“适龄教育”，但学习外语是个例外，这是因为他们认为学习外语的时间越早越好。除了希伯来语，他们还教授多种语言，包括英语、法语和德语等。犹太教授外语的方法是让孩子们在家里也能说各种语言，自然地让孩子接触到外语。

弗洛伊德精通拉丁语、希腊语、法语和德语。在他10岁的时候，他的母亲要求他把拉丁文词缀和语法贴在墙上背下来。据说当时弗洛伊德一边捶墙，一边在房间里转着圈学习。

在教外语时，犹太父母依然会将孩子的兴趣放在首位。孩子们通过各种游戏、歌曲和卡通动画片等方式接触到外语。另外，他们还会利用世界地图，让孩子学习，让孩子对其他国家产生兴趣。

身处一个绝对需要外语的环境，最能激发孩子学习语言的动力了。在以色列，生活中的很多场景都需要孩子说英语。以色列人无须希伯来语配音，就可以看懂带有希伯来语字幕的英语节目，儿童漫画也是如此。平时，他们听很多英语歌曲，因此，很自然地去学习英语发音和基本表达。他们经常会与居住在不同国家的亲戚见面，孩子们可以通过这些经历去切身体会到，为了互相交流而学习语言的必要性。

犹太人特别喜欢旅行，他们在旅行前会用目的地国家的语言教孩子几句话，并鼓励孩子直接与当地人交谈。

犹太人从小就给孩子们创造一个需要多语种的环境。他们认为，在亲身体验中学习的方法效果最佳。用外语与来自不同文化背景的人交谈，这种经历能够培养孩子对世界的好奇心和开放的心态。

外语是了解其他文化的工具

前面我们讲的“海沃塔”学习方法，对于学习外语也很有用。在自由晃动身体的同时大声朗读，并与朋友一起练习，在与学习伙伴交谈的过程中，了解到自己擅长的以及需要改进的领域。此外，大声朗读可以提高注意力和增强记忆力，这是因为与声音、嘴巴、舌头、耳朵和眼睛相关的运动肌肉能够主动刺激大脑发育，摇晃身体、自由活动也能促进大脑发育。大声朗读，直到熟练到可以自然地说出来，这种学习方式可以不分场合地加以运用。走在街上，也可以喃喃自语，或与朋友轮流诵读，也可以随时闭上眼睛检查自己是否已记住。

牛津经济研究院将“全球管理能力”选为第四次工业革命时代的必备能力。根据牛津经济研究院的定义，全球管理能力是指领导来自不同国家和文化背景的员工的能力、了解全球市场的能力、外语能力和文化敏感性。语言是打开通向各种文化之窗的工具。

会说7种语言的韩国作家赵胜妍强调说：“在第四次工业革命时代，我们学习外语不应该只是阅读和写作，而是要实现真正的交流。”

“过去，我们为了在短时间内建立一个富强繁荣的国家而学习外语。当时，人们普遍认为知识分子就是可以阅读英文书籍的人。但阅读文件和论文是人工智能最擅长的事情。”可以毫不夸张地说，犹太人的教育力量在于面向未来的教育法。据专家预测，在工作方面，人们将打破国界限制。因此，了解和学习世界上的各种文化将变得更加重要。包括英语在内的外语，是理解和接受世界各地文化的工具。外语应该被视为为了交流而必须进行的长期投资，而不是为考试而准备的短期投资。喜欢学习多元国家文化和语言的孩子，才能引领未来。

父母应该帮助孩子通过外语之窗体验各种文化，扩展思维，这是身为父母可以为孩子做到的！

和孩子一起实践吧！

1. 告诉孩子学习外语的好处。
2. 帮助孩子通过语言了解其他国家的文化。
3. 引导孩子将外语视为游戏而不只是学习。

“犯错也没关系。”

一个不怕失败的孩子才能创造新东西。

05

逆境能让孩子变得坚强

– 犹太人的逆境教育 –

歌德这样解释苦难：“艰难的日子会让我们变得更强大。出生在艰苦的时代，这对于天才来说是幸运的。因为他可以在这个舞台发挥自己的天赋克服时代磨难，开启新时代。”

犹太父母会基于某种匮乏进行逆境教育，而不是给予孩子一切。目的是培养孩子自力更生和解决问题的能力。即，既然这是我们不得不面对的命运，那么还不如培养一种幽默感，微笑面对，对一切心存感激，即使在困难时刻也能保持乐观。

在第四次工业革命时代，我们不可能只靠一份工作过一辈子，可能要经历各种各样的工作，所以我们必须具备不屈服于任何失败或逆境的独立生活的能力。如果你爱孩子，就把逆境作为礼物送给孩子吧。

幽默感是
人生的武器

充满智慧的人爱笑。
反正都要面对，还不如笑着去克服和面对，这才是明智的。

维克多·弗兰克尔博士是一名精神病学专家，他是犹太人，二战期间他被关押在奥斯威辛集中营3年。在面临随时被拉去行刑的死亡恐惧中，他分析并记录着集中营里人们的心理状态。之后他出版了一本书，名为《在死亡营地》。直到今天，这本书仍然受到人们的关注。他发现，即使身处地狱般的环境，有些人还是可以通过心理调整帮助自己度过磨难。弗兰克尔博士认为“幽默是支撑他们的少数几个奇迹因素之一”。他回忆道：幽默是另一种灵魂武器，在集中营我们就是靠它战胜了死神。即使是短暂几秒，也能带给人释然的能量，可以让人重新站起来。

对于忍受了数千年苦难和迫害的犹太人来说，“幽默是生存的武器”。即使坠入悬崖，犹太人也能以其特有的幽默和智慧克服困难，穿越逆境。在风雨中默默行走时，幽默会给我们莫大帮助。犹太人认为，既然无论如

何都要面对命运，还不如笑着面对和解决，这才是明智的做法。

犹太人聚在一起时，大家总会互相开玩笑。对犹太人来说，幽默是生活，是智慧的产物。他们在遇到一个没有幽默感的人时会说，“你需要拿磨刀石磨一下你的脑袋”。就像刀要锋利才好用，需要苦练头脑才能想出好的幽默。

事实上，很少有哪个领域能像幽默这样需要具备机智和创造力。被犹太人称为“智慧宝库”的《塔木德》也充满了幽默。《塔木德》中的幽默，很多是乍一听很难理解的，需要想很多遍才能开怀大笑。

一个矮小的年轻犹太人想在加拿大的一家锯木厂当伐木工人。面试官看着眼前这个年轻人个子小、身材又瘦削，心中很是不满意，但因为急需人手，便先和他签订了带有附加条件的合同。出乎意料的是这个年轻人十分擅长伐木。

面试官问道：

“你之前干过伐木工吗？”

“是，在撒哈拉干过。”

“什么？那不是沙漠吗？”

“是啊。就因为我砍了所有的树，才变成了沙漠呀。”

“是吗？哈哈哈！”

年轻的犹太人通过这样的玩笑，让小瞧自己的面试官对自己产生了好感。

电影《美丽人生》讲述了二战期间被关押在犹太人集中营的父亲圭多全力保护儿子乔舒亚的故事。基多不愿意儿子发现集中营的悲惨现实，竭尽全力去隐瞒和掩饰。他对儿子撒谎说："我们现在是在玩一个有趣的游戏，第一个获得1000分的人将赢得第一名，并获得一辆坦克作为礼物。""乔舒亚，你要是不听话、哭泣或大喊，就会扣分；要是保持安静，不被纳粹抓到，就能得到1000分。"

然而，圭多最终还是未能逃过死亡的命运。被杀害之前，他想到儿子在看着自己，便学玩具士兵的步伐向前走去，直到最后一刻脸上都保持着灿烂的笑容。当美军坦克开进集中营时，幸存的约乔舒亚喜万分，确信自己成了这场比赛的赢家。成年后，乔舒亚才意识到，多亏父亲的幽默，他才能在不知道可怕现实的情况下幸存下来。在艰难的生活中，笑声和幽默能给我们带来前进的力量。

幽默可以克服障碍，赢得人心

"只有笑得灿烂的人，才能轻松战胜现实。重要的不是与之抗争，而是要轻松克服。"尼采如是说。微笑会让你保持冷静，不被眼前的状况所压倒，克服眼前的障碍，看到另外一种可能性。犹太父母教他们的孩子在遇到困难时学会使用幽默。这会使他们退后一步去审视当下的情况，它会教人如何不被困境所打倒。一个懂得幽默的孩子，即使身处陌生环境也不会感到拘谨，始终保持一种轻松、灵活的状态。幽默能够培养孩子积极乐观的心态。

幽默也是创造力的源泉。幽默基本上来自出人意料的想象力和逆向思维。有创造力的人有强烈的幽默感。反过来，当你变得幽默时，创造力也会随之而加强。马文·托卡耶说过，幽默带来的“意外感”是创造力的基础。幽默来自完全出人意料和打破固定思维。幽默和创造力源于灵活和自由的思维方式。

爱因斯坦在获得诺贝尔物理学奖时称赞了幽默的伟大。“幽默使我成长，而我能表现出的最好能力就是开玩笑。人们认为遵守规则是最重要的价值，但我相信，当旧规则被推翻时，我们最需要的新规则才会诞生。”犹太人不会忽视培养幽默感，因为他们认为这是一种高智商活动。

有幽默感的孩子在同龄人中很受欢迎。犹太父母教导孩子，可以通过幽默赢得人心。有幽默感的孩子通常具备出色的语言能力，对处理好人际关系充满信心。想和有趣的人在一起是人之常情。幽默是一个人可拥有的吸引人的魅力资本。从历史上看，能长久停留在人们心中的领导者通常都具有很强的幽默感。一个用荒诞故事逗人笑的孩子，将来有可能是可塑之才。

美国前总统里根是一位具有代表性的情感领袖，他总是以轻松的幽默带给人们欢笑。传说，当年他被精神病患约翰·欣克利开枪击中胸部而送往医院时，依然没有忘记幽默。“亲爱的，子弹飞来的时候忘记趴下了。哎，电影里演得那么好，真不甘心。”他还对围上来的医生们说道，“我希望你们都是共和党人（里根是共和党人）。”这段小插曲被传开后，他的支持率迅速飙升。

爱笑有助于孩子的身体健康。科学研究表明，当人每次开怀大笑时，大脑会释放包括内啡肽在内的21种愉悦荷尔蒙。其中，激素脑啡肽的镇痛作用比作为镇痛药强300倍。笑一分钟，相当于做10分钟的有氧运动，能达到降低人的血压、保护心脑血管和加强肺功能的效果。美国作家诺曼·考辛斯曾患有恶性横贯性脊椎炎，医院当时宣判无药可救，然而当他在观看喜剧节目时，诺曼意外发现疼痛感会消失。在他的著作中，他称幽默为“防弹背心”，说幽默可以有效预防不良情绪引起的各种疾病。

> “笑是最佳良药，甚至可以治好癌症。不懂得笑，知识和智慧也会毫无价值。笑是乐观，也是放松。没有心情去笑的人，终会陷入绝境，佝偻身体。笑也是智力的磨砺石。逗人乐的幽默、机智和笑话，必须站在离事物真实本质有一定距离的位置去审视，方能创造出来。要想理解幽默，需要大脑快速运转，还需要具备广泛的知识和联想以及不断地训练。”
>
> ——马文·托卡耶

生命只是漫长历史中的一小段。我们无法选择生活本身，但可以选择看待它的方式。人生如一艘帆船，有时像身陷狂风暴雨中艰难前行，有时风平浪静一帆风顺。我们要在顺利时不骄傲自满，逆境时不气馁，始终保持一颗平常心。

教你的孩子在顺境时用幽默来保持低调和谦虚，遇到挫折和失败时用幽默来克服困难。从今天开始，和你的孩子在幽默中一起玩耍好吗？即使孩子的玩笑并不好笑，也请报以大笑以示鼓励。久而久之，孩子会对他的幽默感产生信心。幽默是生活的智慧，是逆向思维、创造力的源泉，是健康生活的伙伴。懂得幽默的孩子能够笑着走人生的路。

“在所有生物中，只有人类会笑。人越有智慧，越爱笑。”

——《塔木德》

和孩子一起实践吧！

1. 教孩子越困难越需要保持微笑。

2. 即使不理解孩子的玩笑，也要尽量报以笑声。

3. 和孩子一起玩耍，培养孩子的幽默感。

爱因斯坦的幽默

有一次，爱因斯坦乘坐火车旅行时，发现他的火车票不见了。可是，售票员正在检查乘客的车票。

轮到爱因斯坦时，售票员说道：

“我知道您是谁。您肯定买了票，没关系的。”爱因斯坦微笑着点点头，以示谢意。随即，蹲下去，开始查看座位下方。

售票员连连说道：博士，没什么好担心的，我知道您是谁。

爱因斯坦回答道：

“我也知道我是谁，可我不知道这是要去哪里。”

感恩的力量

世上最幸福的人是谁?
对自己拥有的感到满意，并对其心存感激，幸福是属于懂得感恩的人。

《塔木德》里有这样一段话："如果一只手受伤，感谢上苍没有让两只手都受伤。如果一只脚受伤，感谢上苍没有让双脚都受伤。即使手脚都受伤，也要感谢上苍没有摔断脖子。即使你摔断了脖子，也没什么好担心的，因为上苍会在天堂迎接你。"犹太父母总是提醒他们的孩子不要忘记感恩。他们早上醒来的第一件事就是感恩，说"谢谢你"。感谢给了我们一个新的早晨。一个犹太人，必须在学习刷牙之前，先学会感恩。这是犹太人学习的第一个祷告，这种感恩祷告会持续人的一生。

犹太人之所以能在众多艰难困苦和逆境中保持乐观，也是因为有这种感恩的力量。犹太人每日三餐都要向食物表达感恩。如果你看过"亚当的面包"，就能理解他们都抱着一颗感恩的心。

"第一个人——亚当，要做多少工作才能吃到一块面包呢?他必须得经过耕地、播种、除草、收获谷物、磨成粉、揉捏和烘烤等过程。然而现在，只要有钱，就可以去面包店买你想要的面包。过去，很多事情都得由人一项项去完成，而如今，由许多人来分工完成。因此，吃面包时，我们必须要懂得感谢很多人。”犹太人会在日常生活中找到很多值得感恩的对象。

感恩的力量

感恩的力量是强大的。当我们对一切心存感激时，我们就能学会专注于我们所爱的事情。奥普拉·温弗瑞是克服曲折和磨难成就人生的时代典范。她出生于贫穷家庭，未婚的母亲生下她后，由祖母抚养长大。14岁那年，她被一位男性亲戚强暴，14岁怀孕，成为单亲妈妈。孩子在出生后两周内就死去，她受到很大刺激，开始依赖药物和酒精度过地狱般的生活。后来她成为让全世界观众产生共鸣并开怀大笑的脱口秀女王，她有一个习惯就是写感恩日记。如今，她已成为世界上最忙碌的人之一，然而依旧坚持写感恩日记，这个习惯她已经坚持了数十年。她在自己的著作《我坚信》中这样写道：

“始终保持一颗感恩的心，并不容易。往往你最不懂感恩时，恰恰是你最需要感恩所带来的礼物时。感恩能让你客观地站在远处看待自己的处境，而且还能改变任何状况。感恩能改变你的频率，将负能量转化为正能量。我坚信，感恩才是改变日常生活的最快、最简单、最有效的方法。”

她在感恩日记中写下了“感谢老天能让我轻松舒服地起床”“感谢老天让我看到了格外耀眼的蓝天”。她坦言通过这件事她学到了人生中最宝贵的东西，也懂得了生命中最需要关注的重点。

犹太母亲把孩子培养成优秀的人，其秘诀之一也是培养孩子一种感恩的习惯。

首先，“无论何时何地，都要保持感恩的心。对小事或大事心存感激。即使遇到困难的事情，也不要抱怨或不满，继续心存感激。永远保持感恩的心态”，即让感恩成为一种习惯。其次，“不要和经常抱怨的人交往，也不要和这种人见面”。不满和抱怨是会传染的。如果你想过上成功的生活，就不应该和爱抱怨的人交往。最后，“与懂得感恩的人交往，成为朋友”。教孩子用感恩的心代替抱怨和不满。

美国心理学家经过长时间的研究，找到了感恩的力量的科学根据。感恩可以激活大脑左侧的前额叶皮层来减轻压力，让人感到快乐，感受到爱、同理心等积极情绪。从生理学角度而言，感恩是一种缓解压力的方法，能有效减少愤怒、生气、后悔等不适情绪。

加州大学戴维斯分校的心理学教授罗伯特・埃蒙斯说道：“懂得感恩的人更有活力、更警觉、更积极、更热情，与他人的联系互动更加紧密。”埃蒙斯教授做过实验，他让一组人写感恩日记，另一组人随意写下任何事件。一个月后，写感恩日记的人中有3/4的人表现出很高的幸福指数，他们在睡眠、工作、运动中均达到了更好的效果，他们大脑的化学结构、激素和神经递质等物质均发生了变化。

与其教孩子如何成功，不如教他如何乐观

懂得感恩的人，能够保持着积极的思考方式。日本企业松下的创始人松下幸之助自称，贫困、身体虚弱和缺乏教育是他成功的秘诀。因为贫穷，他比别人更勤奋；因为身体虚弱，他更懂得健康的重要性，所以爱惜身体；因为学习机会少，就把天下人当老师，努力向他人学习。

感恩能够培养孩子以积极的心态去重新解释问题的力量。它可以帮助我们以积极的方式看待同一境遇。犹太父母通过培养孩子感恩的习惯，把孩子培养成一个积极、快乐的孩子。

《塔木德》中有一句谚语："上帝会眷顾开朗的人。乐观不仅能让你自己开朗，也能让别人变得开朗。"犹太父母在对孩子强调感恩的同时，也强调乐观。犹太父母向他们的孩子灌输一种信念，让他们坚信"即使身处困境，一切也终归会好起来"。

犹太人教导孩子要开心过好每一天。犹太人所说的"一天"与普遍意义上给的一天不同。通常我们所说的一天是指从早上到晚上的时间，而犹太人认为的一天，是从太阳落山的那一刻开始的。他们认为，始于黑暗、止于光明要比始于光明、止于黑暗好得多。这种思维方式恰恰反映了他们乐观主义的特点。

犹太父母会以身作则，让孩子看到乐观开朗的自己。萨拉·伊马斯的父亲回忆说，在他小时候，他也亲眼见到过他父亲无论面对什么样的困境，总是以乐观面对。萨拉的父亲为了逃离纳粹的迫害，身无分文地逃到海上，凭借他的乐观和智慧，最终收获了成功人生。尽管她的父亲很忙，但他还

是竭尽全力教萨拉保持乐观。

她的父亲经常告诉她："萨拉，在你经历挫折时，你或许会认为自己是世界上最不幸的。我劝你要学会看到比你过得更艰难的人，这样你就会意识到，你的处境没有那么悲惨，会意识到自己是多么幸运。正如没有阴影就没有光明一样，没有不幸就没有幸福。"

备受瞩目的知名心理学家马丁·塞利格曼建议，父母想让孩子快乐幸福，必须要教会他们无论遇到什么事都保持乐观心态，而不是教他们如何成功或赚钱。

孩子需要的不仅是体力和智力。要想幸福，必须有精神力量来保护自己的心。

身为父母，要告诉孩子经历了寒冬腊月，方能迎来春天，迎来开花、结果的日子。帮助你的孩子在任何情况下都能找到最佳解决方案，让我们以身作则，成为孩子的榜样。向孩子灌输一种信念，即"你可以做到"。另外，送孩子"感恩眼镜"当礼物。和孩子谈谈平日里那些容易被我们忽视的阳光、空气、家人和朋友，对其表达感恩之情。当你学会找到值得感恩的对象，并对其表示感恩，还把它培养成一种习惯时，你就会感到更幸福。一个内心强大的孩子，不会被周围的事物所左右，每天都能过得更快乐更幸福。

和孩子一起实践吧！

1. 每天找到一件值得感恩的事。通过感恩生活，让孩子意识到自己是个幸福的人。

2. 向帮助你的表达感谢。有了这种情感交流，就能和对方变得更加亲密。

3. 每当遇到值得感恩的事情时，试着往感恩存钱罐投入一枚硬币。

拉比阿基瓦的“感恩”

有一次，受人尊敬的拉比阿基瓦出门上路。他带上了看书用的一盏灯、报时用的一只公鸡、陪他长途跋涉的一头驴和《托拉》。在旅途中，太阳落山了，他便走进了一个村庄。他敲了敲一户人家的门，说：“借住一晚可以吗？”没想到遭到了拒绝。遇到任何事都会心存感激的阿基瓦说道，“上天总是让一切变得更好，他一定是觉得我露宿野外会比睡在屋檐下更好”。阿基瓦怀着一颗感恩的心睡在村外。由于是在野外，过了许久他都没能睡着。于是阿基瓦点了灯，准备读《托拉》。没想到突然吹来一阵风，把灯吹灭了。阿基瓦想，“上天总是让一切变得更好。一定是他觉得此刻关灯睡觉比开灯看书要好，才如此安排的吧”。他怀着感激的心躺下。

就在他准备入睡时，听到了狐狸的叫声，驴子听闻吓得立刻跑开了。“上天总是让一切变得更好。一定是他认为我没有一头驴比拥有强才这样安排的吧。”他继续保持感恩的心。驴跑掉后，公鸡也跟着被吓跑。此刻，他只剩下《托拉》了。

第二天早上，天亮后，他走进村子，发现前一天晚上整个村子遭到一群盗贼的偷袭。所有村民都被杀害了，村子被洗劫一空。如果他当时在那个村子过夜，也免不了一死。如果点着灯长时间阅读《托拉》，也会被盗贼发现而杀掉。要是驴和公鸡还在，它们要是吓得大声叫唤的话，阿基瓦也还是有可能会被发现和杀害。

通过失败，学习重新站起来

"犯错也没关系。"
不怕失败的孩子才能创造出新的东西。

以色列被喻为"流着奶和蜜的土地"，它其实是一个自然环境极度贫瘠、资源十分匮乏的国家。雨水较少，缺乏水资源，被中东的"石油"国家所包围，却不生产石油，但是，它的存在感却在全球市场上是很强的。

以色列有近8000家初创公司，人均创业比例很高。尽管因与邻国有争端而始终处于备战状态，但以色列的知识经济产业却依然屹立。一个生存受到威胁的小国是如何具备了如此巨大的影响力呢？

犹太人认为，原动力来自"虎刺怕精神"。意指"放肆、大胆、自信、不惧权威"，对犹太人来说是再熟悉不过的单词。索尔·辛格将以下7种特征列为"虎刺怕精神"。

—打破格局

—善于提问

—混合或融入

—对危险警觉

—目标导向

—持之以恒

—从失败中吸取教训

犹太人不拘泥于形式，他们追求思想和行动的自由。不分年龄，不分职位，在横向关系中不断提问，保持随时随地与人融洽相处的心态。他们不怕失败，不断挑战。即使失败了，他们也会从中吸取教训，再次去挑战，这才是“虎刺怕精神”的精髓。

其中，不怕失败是创业精神中的第一项。以色列政府承诺给失败的创业者提供比初始时还要多的孵化计划和资金支持。事实上，在以色列特拉维夫，每年会出现将近1000家初创公司，其中成功的只占2%，但以色列政府依然为其余98%的失败者提供另外的财政支持。而且，政府还提供比之前多20%的额外资源。失败的责任基本上由政府来负担。以色列在评估公职人员的人事业绩时，不会以创业成果作判断标准。

创新来自无数次的试错

犹太人从小就教育他们的孩子不要害怕失败，没有失败就没有创新，新的东西是通过无数次的尝试和错误产生的。如果父母不告诉这一点，孩子就会因为怕失败而不去尝试新事物。犹太父母一定会教孩子不管结果如何，尽力而为才是最重要的。

在犹太人家庭中，当孩子犯错时，大家会为孩子鼓掌，同时，他们会说“恭喜”。他们是要安慰孩子不要为错误而焦虑。一个从小得到家人的稳定支持，深知“犯错也没关系”的孩子，在将来的人生也可能是不会畏惧犯错、失败的。

发明家爱迪生留下了“失败乃成功之母”的名言。他重复了10000次失败，方才发明了电灯。然而，爱迪生并不认为那10000次是失败。“这只是必经过程而已。”他说。

“为了发明灯泡，我做了9999次实验，然而都不顺利。朋友问我是否还要进行第10000次的失败。我回答说，前面这么多次都不是失败，而是发现了电灯不工作的原因。”正因为有无数次失败的过程，才能实现从无到有。犹太父母教导他们的孩子，任何人都可能失败，一个人正是通过失败成长起来的。

一个从未经历过失败的孩子，进入社会后会感到很困难。我们经常能看到，有些在学校名列前茅的优等生到了社会上却发不出光来。失败也是需要练习的，失败过的人才能学会如何从失败中站起来。一个害怕犯错或失败，甚至都不敢尝试的孩子，在跌倒后可能会再也爬不起来。把它比作一个球时，就像一个在地板上破碎的玻璃球或一个粘在地板上的泥球。落地后，没有力气再弹跳回来。从小就经历过小错误和失败的孩子，会像一个有弹性的橡皮球一样弹起来，甚至可以弹回到比之前还要高的位置。

“人生中失败的人，很多都是眼看着就要获得成功却看不到而中途放弃的人。”

——爱迪生

请允许孩子犯错

犹太父母会培养孩子有足够的耐力去坚持到最后，渡过难关。他们会告诉孩子，只要有耐心并循序渐进，任何事情都能完成。一个人有再好的天赋，如果没有努力和坚持，天赋也只是潜力而已。一个坚持做事的孩子，在坚持做这件事的过程中会克服所遇到的障碍，就像化学反应中存在临界点一样，孩子只有跨过这个临界点，才能得到想要的成功。犹太父母向孩子灌输信心，当他们做到时，会毫不吝惜地表扬他们。他们坚信永不放弃的力量、坚韧不拔的毅力，是引导孩子走向成功的生命线。

生活中，我们难免会遇到难以逾越的墙。面对难以逾越的墙，我们是放弃还是挑战？如何选择，是我们每个人的权利。但是，当我们真的放弃时，它便真的无法逾越。

犹太人面对困难有乐观的精神以及敢于去挑战的顽强态度。犹太父母会经常告诉孩子说，“你能做到”“一切都会好起来的”，这些鼓励的话就像是魔咒一般，不断地在孩子耳畔响起。听这些积极的话语长大的孩子，无论遇到多大的困难，都会鼓起勇气迎接挑战，朝着既定的目标继续前行。

联合国前秘书长科菲·安南说：“人们只有在面临挑战时才会发现自己的潜力。在需要释放自己的力量之前，永远不会知道自己的潜力有多大。”

犹太父母教给孩子要勇于挑战，在挑战过程中所经历的失败，会告诉我们要想成功该避免什么样的禁区。

人生最大的风险是什么都不做。一个不冒任何风险的人，看似永远不会失败，但事实上，他的人生本身就是失败的。因为他无法取得任何进步，更难发现自己的潜力。

“世界瞬息万变，确定失败的唯一方法就是不去冒风险。”

——马克·扎克伯格

挑战是迈向成功的一步。你在尝试新事物的过程中会学到很多东西。当然也有可能失败，可能会失去很多。但不去尝试，就什么也得不到。想想看，如果发现美洲新大陆的哥伦布没有挑战新航线，就不会有如此伟大的发现。最大限度降低风险的方法是在不断挑战的同时，对风险抱有足够的警觉。马克·吐温说：“20年后，大家因没做而后悔的事，会比因做错而后悔的事多得多。所以，扔掉绳子吧，离开安全港，扬帆远航。乘风去探险。做个梦，找到自己的梦想。”

身为父母，必须允许孩子犯错误，即使失败了，也要支持他们。让他们知道有些事情只能从失败中学到。引导孩子挑战任何事情，鼓励孩子一旦开始就不要放弃，直到完成，养成坚持到底的习惯。在孩子的心里刻上“我能做到”的积极字样。这种信念会让孩子敢于冒险，不怕失败。

和孩子一起实践吧！

1. 告诉孩子失败也没关系。

2. 培养孩子一旦开始就要坚持到底的耐心和恒心。

3. 对孩子说“你能做到”，鼓励孩子去挑战。

逆商越高，越容易获得成功

爱并非是给予所有。有时，不给予也是爱。
我们要送孩子逆境当礼物，通过匮乏让孩子变得更加强大。

“我花了很长时间观察了幼虫为了变成蝴蝶而破茧而出的情景。蝴蝶为了从小茧里钻出来而奋力挣扎。我心疼那只蝴蝶，于是拿来剪刀，在茧上钻了一个小洞。满心期待，心想现在，蝴蝶终于可以展开它华丽的翅膀，飞上天空了吧。不料，蝴蝶却拖着翅膀在地板上来回走动，不久便死去。原来它是还没有具备足够的能力离开地面而飞向天空。它会在挣扎着钻出洞的过程中，练就足够的能力去展开翅膀，是我的廉价同情剥夺了它的生命机会。”

昆虫学家查尔斯·库曼这样承认自己的错误。孩子在成长的过程中，也有一个需要自己承受痛苦的过程。自己出不了茧洞，就没有能力飞上天空。孩子面对逆境时，犹太父母会看着他们独自应对。在克服逆境的过程中，孩子们将学会耐心、意志力、主动性、解决问题的能力。一个不断经历“小成功”的孩子，在将来无论面对怎样的困境，都有信心面对困境。所以，他们会先去尝试，即使失败了也不会放弃，表现出继续挑战的宝贵品质。而另一方面，从来没有自己做过什么事情的孩子，会因为害怕失败而不敢去尝试。

温室的玫瑰无法独立生长

“埃及人、巴比伦人和波斯人在这片土地上崛起，创建了辉煌事业，但现在，他们像一把沙子一样消失了，希腊和罗马紧随其后，发出了一阵轰鸣，但他们也消失了。犹太人目睹了这些民族的兴衰，打败了他们，并保持了他们一直以来的样子。过了这么久，犹太人好像丝毫没有衰退或者衰弱，依然保持着从前的活力、敏捷。死亡可以压倒一切，但犹太人并没有灭亡，其他国家消失了，但犹太人却幸存了下来。这种不朽的秘诀是什么？”

——希尔·马戈林，《学习的犹太人》

原来，犹太人不朽的秘诀就是教育。即使在不知何时何地会被赶走的情况下，他们也没有停止对孩子的教育。他们对孩子强调“终身学习”的同时，也在努力培养孩子的自力更生能力，好让他们在任何情况下都能生存。犹太父母告诉孩子要成为“萨布拉”。“萨布拉”是一种仙人掌果实，即使在没有雨水的沙漠中也能开花结果。犹太父母就是要教会孩子，无论身处什么样的逆境，都要努力结出自己的果实。

犹太人曾经在四处流浪时，每到一个落脚点，都会找到他们能做的工作，奠定生活基础。这些犹太人在德国被称为“空气人”，意思是他们无论身在何处都像空气一样适应，并成为被所有人所需要的人。

“温室里的玫瑰不能用于园艺，只能留在花瓶里。”——《塔木德》。在温室中生长的玫瑰不能独自生长。必须有人调节温度，适时浇水照顾好它，方能维持生命。自力更生是指将自己的想法和判断直接付诸行动，自力更生是一个人自主生存的原动力。在完全靠自己做事的过程中，孩子能学会耐心和克制，能养成自信和主动做事的能力。缺乏这种练习的孩子会因受挫而无法立足。

然而，当下也有很多父母，他们无微不至地照顾孩子所有的事情，从早上醒来到替孩子拿作业和准备好书包，以及孩子的学校生活和交友关系，都是由父母来负责。父母剥夺了孩子的独立性，不仅有“直升机父母”，还有“冰壶父母”。所谓“直升机父母”是指像直升机一样盘旋在孩子身边，为孩子做任何事情。而“冰壶父母”是指，好像冰壶运动中，为了让冰壶能飞得更远，不停擦拭冰面一样，为了让孩子顺利走到目的地，不停地为孩子铺好前方道路。就像用割草机割草一样，还有“割草父母”一词，意思是父母为孩子清除面前的所有障碍。

传播理论专家保罗·斯托尔茨预测，未来时代，逆商高于智商或情商的人会获得成功。逆商是指，面对逆境不屈服，在对现实的冷静感知和理性判断的基础上，勇于挑战并坚持到底，最终实现目标的能力。成功人士

中，无一不是勇于克服逆境的人。逆境可以是一个人发展的杠杆，也可以是一个人的人生走向下坡路的起点。犹太父母希望自己的孩子以逆境为垫脚石，战胜逆境获得成功。

匮乏使孩子成长

犹太父母有一个坚定的理念，即“要培养出坚强的孩子”。因为他们骨子里相信，唯有如此孩子才能独立走过自己的人生。犹太父母首先会帮孩子培养独立能力，创造一个可以自己解决问题的环境。例如，起床后孩子要自己整理床铺或收拾盘子，之后逐渐扩大家务的范围，帮父母洗碗或打扫房间。这样，孩子就会产生独立做完事情的责任感、独立自主的能力。研究显示，从三四岁开始做家务的孩子比没有做家务的孩子表现出了更强的自立能力。

犹太父母的“逆境教育”中，有一件事必须要提及，那就是“匮乏”。匮乏是指不足或没有的意思。犹太人的成功历程，可以说是填充匮乏的过程。没有匮乏，也就没有迫切、紧迫、认真。史蒂夫·乔布斯曾说过：“保持饥饿，保持愚蠢。”“求知若饥，虚心若愚。”犹太人的力量来自不断提醒自己的不足，并创造机会去克服和发展。每年的逾越节，犹太人都会纪念他们摆脱奴隶身份并逃离埃及的那一天，勉励后人记住不足，并且要有迈向更灿烂未来的恒心和意志。

犹太父母通过给孩子们讲述历史，传授祖先的耐心、坚韧和勇气，并与他们分享苦难。

因为有了匮乏，犹太人才会不断尝试、挑战、不言放弃，因此也实现了不朽。犹太父母深知“匮乏的力量”，他们不会轻易满足孩子的需求。即使是负担得起的要求，也会有意让孩子体验匮乏的感受。通过这种方式，孩子能够学会面对拒绝时，如何控制情绪、保持耐心。例如，孩子举办生日派对，父母也只补贴一部分预算，不足的部分由孩子自己想办法。所以在以色列的街上，你会看到很多卖饼干的孩子，他们是在通过自己劳动，去筹集生日会的资金。通过这个过程，孩子们懂得了金钱的价值，也学会了如何获得自己想要的东西。

犹太人是“爱读书的民族”，犹太父母会和孩子深度交谈那些克服逆境与困难的伟人。如果他们没有遇到逆境呢？如果他们在逆境中跌倒再也没能爬起来呢？那他还会有后来的成就吗？孩子会借这个机会思考“换作是我，会怎么克服逆境”“我想成为什么样的人”。

历史学家阿诺德·汤因比将人类文明的起源和发展解释为“挑战与回应”原则。在他看来，文明成长的动力来源于挑战激起成功的应战，应战又反过来引发新的挑战。这个原理套用在孩子身上就是，能成为人生赢家的并不完全是聪明的孩子，也不完全是家庭环境好的孩子，而是那些即使在艰难的环境中，也能以逆境为垫脚石主导自己人生的孩子。他们能够在资源匮乏的情况下，获得成功。犹太人将他们的匮乏视为渴望的来源，而不是失败的理由。

当孩子刚刚练习站立时，犹太父母只要发现孩子的脚有了一点力量，就会尝试松开手。孩子在无数次跌倒的过程中锻炼腿部肌肉，直到他学会站立、行走和跳跃。当父母果断放手时，孩子会靠自己的力量破茧而出，张开翅膀，全力飞向这个世界。

教育不是送孩子考进一所好大学，真正的胜负会在社会上分出。没有自力更生能力的孩子，在这个世界上也很难立足。给孩子时间来培养他们独立做事的能力。孩子会选择“尽管如此，我还是做到了”，而不是“我没能做到”。孩子会“将匮乏、苦难和逆境升华成前进路上的养分”。

和孩子一起实践吧！

1. 让孩子帮忙做家务活，培养他们的自立能力。
2. 通过“匮乏”，让他们体会迫切需要的感受。
3. 通过历史、伟人传，让孩子思考何为逆境。

管理好时间，等于创造人生。

一个能有效管理时间的孩子，才能得到更充裕的时间去支配。

06

培养孩子的经济头脑

– 犹太人的金钱教育 –

在一个追求金钱和物质的社会中，犹太教却追求“清富”，意思是要成为有正义感的富人。金钱是生活中必不可少的因素。从小就开始培养孩子的经济观念，才能让他长大后对金钱有主动意识。《塔木德》中有这样一句，“有三件事会伤害到人：烦恼、争吵、空钱包。其中，空钱包给人的伤害最大”。

犹太父母认为金钱教育最好从孩子小的时候就开始。给孩子的零用钱不能白给，而是要作为他们的劳动报酬来给，这样能让孩子在日常生活中熟悉金钱概念。通过家务传授劳动的价值，将零花钱分成三份，用于储蓄、消费和慈善，从小养成的金钱习惯会持续他们的一生。

认识金钱越早越好

应该让孩子用劳动来换取零用钱。从小就要让孩子靠做家务赚钱。
对金钱的认识，应该从家庭开始。

提到财富，我们会想到“石油大王”洛克菲勒，华纳兄弟等。世界五大电影公司的创始人、美国三大公共广播电台的创始人和经营者、华尔街等媒体的创始人都是犹太人。美国经济杂志《福布斯》每年都会对个人财富进行分析，在美国最富有的前400人中，有近100人是犹太人。

犹太人对金钱的看法独具特点。

《塔木德》中提到了很多关于金钱的故事，很多都有现实意义。

“贫穷比家里有50种瘟疫还要糟糕。”“没有什么比空钱包更沉重。”“说钱不是人生一切的人，直到死都不会积累到财富。”“钱是打开所有大门的金钥匙，也是排除所有障碍的金魔杖。”这些谚语很形象地表达了犹太人对金钱的看法。金钱是犹太人必不可少的生存手段。犹太人重视金钱，但他们认为应该取之有道，并且要精明地去花钱。

对孩子进行金钱教育，是父母的义务

犹太人会在孩子还小的时候就对他们进行全面的金钱教育。在孩子学会走路之前，父母就会把硬币放到孩子的手中，叫他将其放入存钱罐，并养成这一习惯。从孩子有了数字的概念后，就会自然而然地和他们谈论金钱。买东西时，还会让孩子付钱，收零钱。

例如，先从最简单的练习开始。比如，“5元，意味着要付5个1元”，“买8元东西时，我付了10元，该拿到多少钱呢？”通过这种方式，让孩子逐渐习惯数字。犹太父母会在生活中教孩子金钱的概念、单位和价值，他们认为父母不对孩子进行金钱教育，那是没尽到父母的责任。

犹太人从小就在日常生活中使用具体数字，他们相信要想赚钱先得熟悉数字。例如，我们通常会说“今天太热了”，而犹太人会说“今天超过32度”。在谈到公司规模时，他们不会以“中型公司”来表达，而是会采用更加准确的方式来表达，说“我们公司有100多名员工”。让孩子从小熟悉数字，是商道的基础，也是赚钱的基础。犹太人是在日常生活中学习数字的，熟知数字，对金钱教育很有帮助。

当孩子三四岁时，犹太父母会叫孩子去跑腿，完成简单的差事，并给他们硬币作为报酬。让孩子养成将硬币放入存钱罐的习惯。到五六岁时，孩子会帮父母做家务，例如擦桌子、浇花、整理鞋柜等。犹太儿童会用自己的工作收取报酬，而不是定期拿父母给的零花钱。而且，他们会把零花钱攒下来，买自己想要的东西，有时候还会捐出去。犹太父母会教孩子学习记账，让孩子知道自己把零花钱花在哪里了。

犹太人相信花钱和赚钱一样重要，因此，他们不会要求孩子无条件盲目存钱。相反，他们会和孩子交谈，看看孩子是否将钱花在了刀刃上。

洛克菲勒从小帮父亲工作，自己挣零用钱来花。他每天帮忙干农活，并且将其详细记录在账簿上然后给父亲，从父亲那里领到了与之对等的报酬。尽管已经积累了丰厚的财富，洛克菲勒二世还是对他的孩子们进行了严格的金钱教育。在洛克菲勒二世的住所，每周六，5个孩子都要拿着零花钱记账簿接受家长对他们的教育。此外，孩子们被要求零花钱要分成3份，分为日用、储蓄和捐赠等3个用途。他还会给孩子们具体的建议和指导，教孩子们使用零花钱。

从19世纪末到20世纪初，洛克菲勒家族一直是一个富豪家庭。大卫·洛克菲勒三世在他的回忆录中写道，“离开了父母的智慧引导，财产继承等于是一种诅咒”。

美联储前主席艾伦·格林斯潘，也是从5岁开始便从他父亲那里学习月工资、生活费用、储蓄和债务等金融知识，甚至还学到了股票和债券。他曾连续5届担任美联储主席，他经常强调，一个人要从小接受金钱教育，并提到从父亲那里学到的金融知识成为了他人生中的最大财富。格林斯潘还强调“金钱教育要从小开始”。

“随着计算机技术的发展，新的金融产品不断涌现，选择范围也越来越广，金融问题变得越来越复杂，但人们并不完全了解各种金融工具。应该从小就适当地教授孩子相关知识，以便孩子能够做出正确的财务决策。”

唤醒孩子的财富智慧

金钱的重要性，当然因人而异，获取金钱不应该成为人生的唯一目的，但是不可否认，它是丰富你生活的一个手段。犹太人非常看重金钱财富教育。

说犹太人生活中的一切教育都是间接、直接地与如何致富有关，丝毫不为过。犹太人认为，孩子在经济上无法自立是因为父母教得不好。《塔木德》说道，“如果是父母没有正确教育孩子，那么孩子犯错时，就不能让他一个人负全部责任”。

在韩国，不仅在学校，甚至在家庭中，有些父母都不愿意和孩子提及金钱这个话题。大多数家长说，“什么都不用担心，你只要好好学习就行”。然而事实上，父母是有必要和孩子谈谈每个月家庭收入和开支、家里的储蓄额以及家庭的未来财务计划等情况的，只有这样才能提高孩子的“财商指数”。当孩子在做喜欢做的事情时能经济独立，才是真正意义上的经济独立。

史蒂文·斯皮尔伯格的母亲看到年幼的他痴迷于电影，在给予鼓励和支持的同时，也时常提醒他，给他灌输金钱观念。

“努力拍电影固然好，但你必须考虑如何赚钱。你要精通数字，还得尝试做生意。”

“可我的梦想是拍电影，不是做生意啊。”

“无论你以后做什么，为了成功，都需要了解数字和金钱。”

现如今，有不少孩子大学毕业后还会继续依赖父母，直到他们找到工作。很多人即使结婚后，还是无法实现经济独立，依旧需要父母的支持。我们需要培养孩子有能力生活在这个社会。财富教育，“金钱学习”应该从家庭做起。父母不妨和孩子一起实践一下“金钱学习”的方法。

财商教育，越早越好。在生活中自然地让孩子学会金钱的价值，培养孩子理性使用金钱的习惯。父母要给孩子准备存钱罐，开储蓄账户；创造机会，让孩子通过家务劳动自己获得报酬，经常和孩子聊聊金钱。巨大的财富不是从天而降的。“富有的习惯”成就富人，给孩子留下“富有习惯”，才是身为父母可以留下的最大遗产，不是吗？

和孩子一起实践吧！

1. 通过和孩子交谈，商量零用钱该怎么花。

2. 除了基本的零用钱以外，让孩子通过做家务，懂得用劳动来换取报酬。

3. 要让孩子写下零用钱的流水清单，学习如何有计划地花钱。

4. 孩子写完零用钱账簿后，父母要确认他的消费是否合理。

在生活中体验赚钱

在生活中教孩子如何赚更多的钱，
如何合理花钱，如何增加财富。

著名石油公司荷兰皇家壳牌石油公司的创始人马库斯·塞缪尔在孩提时代就通过帮父亲经营街头小店生意，在此过程中，他学到了关于如何赚钱的生意经。在和父亲一同工作的过程中，他亲身体会到了“稀缺性原则”。他领悟到，看似无用的东西，只要有稀缺性，便能高价出售。

在大多数犹太家庭中，孩子们都能很熟练地帮父母干活。无论父母是锅炉工、洗衣工抑或是油漆工，孩子们都会比正式员工还努力地帮父母干活。通过这个过程，父母会很自然地教孩子学习赚钱，也让孩子懂得了利润和分配的含义。他们教孩子劳动的价值，同时也在现实生活中进行财富教育。

另外，还会详细地告诉孩子如何更好地对待客户以及管理资金。孩子们看到自己的父母在辛苦地赚钱，自然也会想到不可大手大脚地浪费父母的钱。

孩子们知道他们的父母在做什么，因此，会经常在餐桌上谈论金钱和工作。这就是所谓的金钱“海沃塔”。犹太父母会经常与孩子讨论如何赚更多的钱、钱应该花在哪里才是合理的、要如何理财和积累财富等等。

《塔木德》说，不教小孩子如何挣钱的恶果，是让孩子变成小偷。犹太父母在生活中很好地实践了这一教诲。

通过家务让孩子知道劳动的价值

犹太人从小就给孩子灌输“天下没有免费的午餐”的观念。他们通过让孩子做家务的方式来教他们理解劳动的价值，培养孩子的责任感和自力更生的能力。根据明尼苏达大学名誉教授马蒂·罗斯曼的一项研究，从小就开始做家务的孩子具有更多的洞察力、责任感和自信。此外，哈佛大学医学院教授乔治·范伦特对456名11—16岁的儿童进行了大约35年的跟踪调查。结果表明，成功人士在其小时候都有一个共同点就是做家务。从小参与做家务，可以培养孩子的自尊心、归属感、责任感和自力更生能力。不仅如此，还会对性别平等意识和学习能力产生积极影响。

杰弗里·J. 福克斯在他的著作《为什么所有的富人都送过报纸》中指出，沃伦·巴菲特和杰克·韦尔奇等世界顶级富豪的共同特征是他们在小时候做过送报纸的活。美国经济杂志《福布斯》也对400名亿万富翁进行了调查，发现其中绝大多数人都送过报纸、在加油站和洗车店做过兼职或者在餐馆当过服务生。他们从小就干苦工挣钱，从中感悟到劳动和金钱的关系。

待孩子步入青少年时期后，犹太父母会一步步地教孩子学习一般人因觉得太辛苦而嫌弃的工作。这是为了教孩子无论生活中发生什么事都要想办法先生存下来。他们用自己的亲身经历告诉孩子，任何人任何时候都可能会面临困境，但是只要你能干洗衣、打扫、修补、油漆等工作，那么在任何地方你都可以维持生计。犹太人向孩子灌输的是信心和自力更生的意识，让他们确信无论遇到什么都可以生存下来，犹太人的坚强、持之以恒、旺盛的生命力正是体现在这些细节上。

有句话说，想成为富豪的第一步，从早上醒来后的铺床开始。意思是说“从生活中的每一个小细节开始践行自力更生”是很重要的。从小就要懂得自己的事情自己做，也体验过要通过大大小小的劳动来换取报酬。几代人都是富豪的家庭，并不会简单地把钱留给孩子。他们会以身作则，让孩子看到身为富人的所有生活方式。我们需要认真想一下，如何把自己的孩子培养成能自力更生并懂得运用金钱的人？

和孩子一起实践吧！

1. 从小让孩子积极参与家务。
2. 给孩子一定时间了解一下父母做的工作。
3. 在生活中和孩子聊聊用什么方法来赚钱。

富豪不是天生的，而是靠培养

犹太人从小就会尝试投资，学习钱不只是靠劳动获取，
而是靠投资升值来丰裕的。

根据犹太习俗，女孩到12岁，男孩到13岁要举行“成人礼”，在希伯来语中的意思是“遵守诫命的孩子”。仪式结束后，他们就该对自己所有的行为负责任。为这个成人礼父母会准备一年左右的时间，在生日过后的第一个安息日时举行盛大的仪式。这对犹太人来说是一个非常重要的仪式，父母甚至会为此提前存钱。

这一天，不仅是自己家人，还有很多亲戚朋友都来做客庆祝。在豪华酒店和度假村，经常可以见到正在举行的成人礼。参加成人礼的主角和嘉宾们会打扮得隆重而华丽，这一天他们会玩得很尽兴。但成人礼不仅仅是享受的一天，接受成人礼的主人公需要在客人面前用希伯来语背诵他从小学习的《托拉》，借此宣布他已经成为犹太社会的一员。

成人礼的实质是让孩子学到做人要有责任感。也就是说，当孩子年满

12、13岁，就被判定为他可以为自己负责，从这一刻起，孩子就要自己去判断是非对错。在这一天，男孩女孩会收到父母和客人们赠送的3件礼物：一本《托拉》、一块手表和一份礼金。送《托拉》的原因是，从今以后，孩子要直面自己的信仰，离开了父母这一中间角色，做一个可以无愧于神的有责任感的人。送表是要让孩子遵守时间，珍惜时间。

值得注意的是他们的礼金文化。就像结婚仪式一样，客人需要送出礼金，而且数目不小。近亲给的会更多，祖父母经常会给一大笔钱，大有留下遗产似的隆重。

所有这些钱属于当日成人礼的主人公。犹太父母会将这笔钱直接交给孩子，但他们也会给出建议如何用这笔钱投资。犹太人从小就要开始"投资"。《塔木德》教导说，"钱不只是靠劳动获取，还可以靠投资来升值的"。孩子会把这笔钱分散投资在储蓄、股票、债券等领域。在这个过程中，让孩子们自然对实体经济与金融产生兴趣，提升孩子的财商。犹太儿童从小就会学习如何去规划和建立自己的投资组合。

如果方法得当，等到孩子进入社会后，这笔钱的投资收益可能有了不错的收益。这意味着，犹太孩子在20多出头的年龄就能用自己的第一桶金开始社会生活。80%—90%的以色列青年选择创业的大背景也在于此。而我们的孩子在大学毕业时，有的还在背负着学生贷款的压力，犹太孩子却是带着大量启动资金开始自己的人生。虽然我们常说人生是一场马拉松，不是百米冲刺，但是，基于这种情况我们不得不说，这两类年轻人从起点就已经有明显的差距。这也不可避免地影响到了结果。

从小学到的经济习惯会持续一生

犹太父母对孩子们特别强调分散投资的重要性。“一定要始终考虑到风险，需要准备计划B和C来弥补A可能存在的损失。分散风险是投资的第一步。”在进行长期投资时，犹太人会在房地产、股票和现金方面以各占30%左右的比例来进行分散投资。无论多么有把握，都要避免集中投资于一个领域，这是犹太人的原则。犹太人在以分散投资为原则的同时，还喜欢投资可随身携带的东西，例如珠宝或现金。这是因为他们过去经常遇到被驱逐出居住地的经历。因此，即使投资于房地产，他们也很愿意以“房地产投资信托基金”这种股票形式进行交易。

犹太人通过实际的金融投资学会“利滚利不断升值”这一道理。犹太人的经济力量来自这种金融思维。他们不是生来就富有，他们是被培养成富翁的。他们从小靠跑腿和做家务来挣钱，长大后用钱生钱的方式来增加资金，在这一过程中不断提升财商。在帮助父母工作的同时体验金钱的力量，他们会学习其他人嫌弃的3D行业（3D由Difficult、Dirty、Dangerous这三个单词的首字母组成，指的是困难、不体面和危险）的工作，培养劳动能力、自立能力和自信心。

和孩子一起实践吧！

1. 和孩子一起聊聊钱是什么。
2. 告诉孩子钱生钱的投资概念。
3. 告诉孩子各种金融信息，告诉他如何扩大储蓄的钱。

付出多少，得到多少

教给孩子帮助别人能收获更多快乐。
当父母以身作则时，孩子自然会养成乐于助人的习惯。

马克·扎克伯格宣布将99%的股份捐赠出来，这让全世界都为之震惊。他说，“我觉得我有很大责任为我的女儿和其他所有孩子留下一个更美好的世界”。这对夫妇以“给女儿的公开信”的形式，具体表述了他们对更美好世界的想法。这封由6张A4纸写成的信件，提及了人类在医学、科学、经济等各个领域应该追求的理想以及需要克服的课题。

犹太人通过慈善实践“为造福人类作贡献”这一理念。马克·扎克伯格正是一个关于如何将“造福人类”理念付诸实践的例子。犹太教认为人类应该为不断改进和完善这个世界而作出贡献。

每个犹太家庭都有一个捐赠箱

在“为人类作贡献”的理念指引下，犹太人会优先考虑去做慈善事业。每年,《商业周刊》发布的“50大主要捐助者”名单上，犹太人至少占15名。犹太人对慈善事业和捐赠充满了热情。那么，犹太人为何如此慷慨呢?

他们认为慈善是一种义务，而不是选择。希伯来语中没有“慈善”这个词。犹太人用“正义”来表达帮助他人并为公益事业捐款的行为。英语中的“慈善”(charity)一词，源自拉丁语“给予”。而对犹太人来说，慈善就是正义。这种哲学正是犹太人捐赠天文数字善款的基础。

犹太人认为即使是自己积累的财富实际上也不属于自己。钱越多，越能帮助别人，因此，犹太人认为成为富人是一种美德。

犹太人很少会嫉妒亲友，他们看到堂兄买地，会欢天喜地，真心替堂兄高兴。因为善意，堂兄有钱了，那么在自己困难时，堂兄就会随时来帮助自己，所以会开心得手舞足蹈。

对于犹太人来说，慈善就像刷牙一样，是一种习惯。犹太人教孩子们把硬币放在捐赠箱里，为的是让帮助他人成为孩子的一种习惯。在犹太家庭中，捐赠箱一定会放在十分显眼的位置。孩子还很小、被妈妈抱在怀里时就开始学习把硬币放进捐赠箱里。等孩子到了可以自己挣零用钱的时候，父母就会让他自己挣钱去捐赠。通过擦鞋、洗碗等劳动换取金钱，并拿出一部分来投入到捐赠箱内。当捐赠箱快装满时，父母就会召开家庭会议来决定帮助谁、如何帮助。在以色列的大街小巷，经常可以见到孩子们把钱投进捐赠箱的情景。

在慈善问题上，犹太父母也会以身作则地教育孩子。犹太人企业家乔乔·鲁朴会在纽约犹太人共同体中心以及犹太人的庆典“普林节”举办慈善活动，对他来说捐赠已然成为生活中的一部分，他的这个习惯就是小时候从父母身上学到的。

“我的父母经常参加慈善活动。在各种慈善活动中筹集了资金，他们受到了人们的尊敬，给我树立了很好的榜样。现在我也这样教导我的孩子们。”

“做慈善”的8个阶段

犹太人这样区分了“做慈善”的8个阶段。

1. 很心疼，不情愿帮忙
2. 付出的比本该付出的要少，但是心甘情愿地付出
3. 在收到请求之后给予帮助
4. 在收到请求之前提供帮助
5. 不知道受益人身份的前提下给予帮助，受益人认识你
6. 你认识受益人，但受益人不认识你的情况下提供帮助
7. 在受益人和捐赠人互不相识的情况下帮助对方
8. 帮助受益人，让他能够自力更生

“做慈善”的最高境界是第八级，也就是说帮助对方能够独立。不仅给予物质帮助，而是动员力量去帮助他自力更生。在这种帮助下取得成功的

犹太人，一定会以帮助其他人的方式去报恩。这种良性循环，已成为当今少数犹太人获得巨大财富和名望的源泉。

“做慈善”的上一个阶段，是捐赠者不知道受益者将是谁，而受益者也不知道捐赠者是谁。这就是为什么有这么多以匿名方式进行慈善事业的犹太慈善机构。纽约的一家犹太慈善机构匿名向有需要的人提供食物，仅准备一周的食物的成本就达到了10000美元，该组织的经费是以10美元、20美元、50美元等小单位捐款累积起来形成的。

每个星期三晚上，志愿者们会在下班后蜂拥而至来送餐。值得注意的是，他们总会带着孩子一同前来。孩子们在亲眼见到父母的善行、帮助父母的过程中，学习行善。犹太人通过慈善事业教孩子要常怀感恩之心。查尔斯·格罗斯每周会在一家匿名慈善机构负责送食品，他说他带着孩子一起做慈善，孩子会自然而然地为自己所拥有的而心生感激。看着一无所有的人，意识到自己现在拥有这些并不是理所当然的。查尔斯·格罗斯的女儿扎哈布·格罗斯说，“自己通过参加慈善活动，学会对自己所拥有的心存感激”。一个人能对自己所拥有的心存感激，是一种幸福。就像父母做好事一样，孩子长大后也会成为能够回馈社会的人。这是无法用金钱衡量的巨大回报。

付出多少，得到多少

《易经》里有这样一句话：“积善之家，必有余庆。”意思是多行善事，恩泽及于子孙。

犹太人十分强调在帮助他人时，一定要尽可能地去考虑对方的感受，因为犹太人非常不愿意受到他人帮助，他们会努力做事，避免陷入需要接受捐赠的境地。不过，陷入困境不得不受人帮助时，他们也能坦然地接受帮助，也不会因此而感到羞耻。拉比沙买说过，“即使一个人把世界上的一切都送给了朋友，如果他是用吝啬的心去做的，那就等于什么都没给。反之，如果一个人能以喜悦之心面对朋友，即便他什么都给不了，也等于送给了朋友整个世界”。捐赠和慈善的犹太文化在这种精神中诞生的。

有些人对犹太人的捐赠颇有微词。他们指出，捐款的很大一部分只用于犹太人，大量资金还作为游说资金用在发挥影响力上面。尽管如此，犹太人的分享哲学还是值得我们学习的。有一句犹太谚语说：“世界建立在学习、工作和慈善之上。”他们认为，即使你努力学习，做好你的工作，缺了慈善，世界还是无法正常运转的。

作为父母，要教导孩子去尽自己的力量帮助需要帮助的人。如果父母以身作则，孩子自然也会加入进来。让我们和孩子一起“创造一个更美好的世界”。

和孩子一起实践吧！

1. 家里做个捐赠箱，让孩子养成捐赠的习惯。
2. 教孩子把零用钱的1/10捐出去。
3. 通过捐赠或志愿活动，让孩子体会到帮助人之后获得的快乐。

财富、家庭、善行

从前，一个年轻人他有三个朋友。第一个朋友是他认为最亲的朋友，第二个朋友是一个不太亲密但是他很喜欢的朋友，第三个朋友是一个他只知道名字的朋友。一天，国王来了一封信，让他前往王宫。他心想或许是他自己做错了什么，国王才要召见他，于是他决定带其中一个朋友一同前往。

他先去找了他最信任的第一个朋友，说明了情况请他一起去，但是第一个朋友冷冷地拒绝了他。无奈之下，他又问了第二个朋友，这个朋友给了一个条件，说只和他一起到王宫门口。年轻人觉得遭到了两个朋友的背叛。最后他问了第三个朋友。没想到平时不怎么亲近的第三个朋友却回答道:“当然要一起去啊。你不是没犯任何罪吗？我去问问国王。”他安慰年轻人。

在这个故事中，第一个朋友指的是“财富”。再亲近，死的时候你也是带不走的。第二个朋友指的是“家人”。他们可以保护你直到死亡，是很宝贵的存在，但是终究还是会留下你独自面对。第三个朋友是“善行”。它通常不起眼，但是死去之后也能让人记住你，身体消亡之后还能跟随你的也就只有善行。犹太父母都会将这个故事讲给孩子听，提醒他们帮助他人多么重要。

——《塔木德》

信任，
是所有关系的基础

将契约精神视为生命的犹太人，会教孩子守信的重要性。
先从遵守父母和孩子之间的承诺开始做起，学习如何建立信任。

犹太人认为，所有关系中最重要的是信任。在犹太人漫长的流浪生活中，信任就像生命一样重要。犹太谚语中说道，“没有信任，就打不开门”。犹太人之间相处只要一方破坏一次信任，双方就再也不能进行任何交易。犹太人严格遵守“必须遵守合约”的信念，他们靠这一点，积累了巨大的财富。

在钻石市场上，值得信赖的犹太人的市场份额超过80%。在昂贵的钻石业务中，信任至关重要。犹太人会对设立的合同严格遵守，并相互信任。

基于信任做到屹立不倒的人

犹太商人有三件事是不可以做的。一是，不能夸大产品宣传；二是，不能囤积产品以提高产品价格；三是，不能用量尺或秤来欺骗消费者。犹太人会由专门的官员来负责监督测量仪。夏季和冬季，他们会使用不同的尺寸。这是因为他们考虑到尺子会根据天气拉长或收缩。消费者自然就可以完全相信犹太商人，和他们做交易。

成功的犹太人中，很多人都是依靠可信赖获得成就的。全球金融公司摩根大通的成功神话就是其中一个典型例子。1835年，华尔街发生了一场大火，将600栋建筑物烧成了灰烬。当时，约瑟夫·摩根是一家小型保险公司的股东之一，如果公司赔偿全部客户的保险金的话就得面临破产，其他股东要求拿走自己的股份，但摩根选择保留股份，遵守自己的承诺。他用自己全部的财产买入了其他股东卖出的股份，并全额支付了所有保险金。这一事实被人传开后，这家保险公司成长为华尔街一家深受客户信赖的保险公司。

因为约瑟夫个人的诚实信用和冒险精神，整个家族实现了质的飞跃。赢得他人的信任是成功的种子。

信守承诺是加强信任的最佳方式

将契约精神视为生命的犹太人，也会把承诺的重要性灌输给自己的孩子。教孩子一定要信守承诺，无论承诺的大小。很小的承诺都不会去遵守的人，更不会去遵守大的承诺。史蒂芬·柯维说过，没有什么比作出了承诺却不遵守的行为还要快速破坏彼此的信任。相反，没有什么比信守承诺更能增强彼此之间的信任了。他建议不轻易作出承诺，但是一旦作出承诺，就要兑现。

犹太人总是信守对孩子的承诺，以便把孩子培养成信守承诺的人。即使是很小的事情，也会如此。如果因不可避免的情况而无法兑现承诺时，他们还会给孩子作出说明。

犹太父母不会为了逃避无法兑现承诺的尴尬，而随口编出一个谎言或再许下其他承诺。原则上，即使是善意的谎言，他们也会尽量去避免。怕的是身为父母有这些行动，久而久之，不仅会失去孩子对父母的信任，还会给他们树立坏榜样。

犹太父母还会适当地使用胡萝卜加大棒式的方法。当孩子信守诺言时，慷慨地表扬和鼓励他们，具体告诉他们做对了什么。反之，当孩子不遵守诺言时，父母不会生气或批评，而是给出“一天禁止看电视”等惩罚。获得信任的第一步，是信守承诺。一定要提醒孩子承诺有多么重要。

当你对孩子作出承诺时，一定要遵守它。如果你不这样做，你就是在教你的孩子撒谎。

——《塔木德》

和孩子一起实践吧！

1. 一定要遵守与孩子的约定。
2. 孩子遵守约定时，一定要具体地表扬他。
3. 孩子违约时，不要指责，而是给予适当的惩罚。

教孩子
做时间的富翁

管理好时间就是在创造生活。
能有效管理时间的孩子，能成为一个时间富翁。

犹太儿童在成人礼上，他们会收到父母送给他们的一块手表作为祝贺礼物，意思是永远要珍惜时间。犹太父母会教育孩子懂得时间的价值，还会经常与孩子谈论如何使用像生命般宝贵的时间。正因为如此，孩子会很快学会自己决定每天需要做什么，并根据优先原则制订计划。重要的一点是，计划一定要有可行性、合理性。如果你强行制订一个根本完不成的计划，并且实践后不能按时完成，就会造成恶性循环，孩子就很难正确地管理时间。

哈佛大学教授理查德·赖特对1600名哈佛大学学生进行了长达15年的采访，目的是找出成绩优异的学生的共同点。结果表明，擅长管理时间的学生无一例外地取得了好成绩。理查德教授分析说，“他们设定了学习目标，按照重要程度去行动，因此能够不慌不忙地完成自己的目标”。

要想有效地管理时间，需要先设定合理目标，并相应地制订具体计划，按照优先排序去一一付诸实践。孩子在实践的过程中，会逐渐成长为“时间富翁”。

时间管理专家洛塔·J. 塞沃特说，“留给自己的和用于享受生活的时间是最有价值的”。父母教导孩子要每天树立自己的目标，并且为自己所做的事情感受到真正的快乐。这才是管理时间的最佳方式，也是时间管理赠与孩子的最大礼物。

学会管理时间，意味着什么

时间对每个人都是公平的，每个人拥有的时间都是有限的。时间是不能借、不能买的，逝去的时间无法挽回。管理大师彼得·德鲁克这样强调，“一个人是否能达成目标，取决于他如何管理时间”。但是，还有许多人忽视了时间的重要性，将这个独特且不可替代的资源当成是理所当然的。

时间就是生命。黄金可以用金钱买到，但时间用金钱买不到。犹太人会选择竭尽全力过好当下的人生。他们知道时间有限，所以一刻也不浪费。有一句犹太谚语说“不要偷窃时间”，它意味着不应该浪费其他人的时间，哪怕是一分一秒都不可以。犹太人相信时间有时会像金钱一样被其他人偷走。

这就是为什么犹太人总以“一秒钟、一分钟”的刻度去思考工作。对于有这种思考方式的人来说，浪费时间等于失去金钱和生命。在没用的事情上，他们连一分钟都不愿意去浪费。他们在工作时间内，尽可能做到将注意力集中在与工作相关的业务上，与工作无关的事情，他们会果断地摒除。

犹太人在开会时，会明确规定好时间，如几点几分开始，开多长时间的会议。他们对时间的要求非常严格，比如面谈时间甚至以3—5分钟的单位去分配，就算是再亲密的朋友，也会公私分明。犹太人不会把私人感情带入工作中来。由于犹太人的这些特点，有些人一提到犹太人就会频频摇头，但同时也会评价说，他们是值得信赖的工作伙伴。

犹太人和他人约定见面时间时，会以5分钟或10分钟为单位。如果对方不遵守约定的时间，就不会再等待，也不会再约下一次。他们的原则是，绝对不和一个违背时间承诺的人做生意。他们认为约定时间是最基本的原则，一个人连基本约定都不遵守，那么在大的事情上这个人更不会去遵守。再小的约定，犹太人都会非常彻底地去遵守，因为他们坚信这件小事会与信任直接关联。

守时是诚信的标准。一个总是能准时出现的人，仅凭这一点就能赢得他人信任，也会被人称为靠谱、可靠的人。而一个爱迟到的人，极有可能过着忙碌不堪的、毫无组织计划的生活。越是在社会上成功的人，越能恪守时间，约会中非但不迟到，而且还会早早地出门等待对方。“石油大王”洛克菲勒的母亲会叮嘱他做到两件事：“一，礼拜开始前30分钟，必须要到达教堂；二，要坐在第一排。”看上去是不起眼的小事，然而却是信任的基本准则。

对时间的态度，决定了其是否能成功

有关时间的重要性，《塔木德》中是这样描述的：“每天，你都要想着今天是你的最后一天。每天，你都要想着这是你的第一天。”劳拉·范德卡姆说道，“时间不是用来管理的，而是用来创造的”。创造时间，等于创造生命。一天1小时，那么一周是7小时，一个月30小时，一年365小时。一个人对待时间的态度，决定了其是否能成功。

善于利用时间的人，能够不慌不忙地完成既定的工作。这是因为他们提前制订了合理的计划，并确保在该时间内完成。

对待时间的方式，决定一个人的命运。父母越早教孩子如何管理时间越好，因为时间管理方法直接关系到孩子的未来。让孩子自己制订一天的计划，然后与他们讨论是否可以遵守该计划，还需要检查这个计划是否合理分配了休息和娱乐时间。父母要监督孩子确保在给定时间内实现已设定的目标。善于利用时间的人能创造价值。3分钟、5分钟所产生的工作差异有多大，取决于一个人使用时间的方式。

和孩子一起实践吧！

1. 让孩子懂得管理时间，自由时间就会越来越多。
2. 要引导孩子自己制订时间计划表，以便孩子可以更容易地遵守。
3. 所有活动都要制订截止时间，让孩子在规定时间内完成。
4. 告诉孩子“要从重要的事情开始”，并去实践。
5. 让孩子巧用零碎时间。

将两个人的智商作比较，兄弟俩会两败俱伤，
但是重视他们的个性，兄弟俩都能成功。
——犹太谚语

盲目接受教诲的人，不但毁掉了权力，也毁掉了自己。
——《塔木德》

有100个犹太人，就有100种意见。
——犹太谚语

年轻时，哪怕借钱，也要建立人脉。
水的形状取决于放入哪个容器，
而一个人的命运取决于结识的人的类型。
——樋口博太郎

钱不只是靠劳动获取，而是靠正确的投资来升值的。
——《塔木德》